霧社，一九一〇年代

流轉家族

泰雅公主媽媽
日本警察爸爸
和我的故事。

下山一（林光明）自述
下山操子（林香蘭）譯寫

目錄

我的父親，下山治平，是總督府用意培植的優秀警官，在一次戰役中被敵蕃從身後砍殺。在如夢似幻的昏迷中，看到一位美若天仙的蕃女，以芋葉掬水給他喝。他彷彿還聽到她的名字：「貝克……」

日本警官下山治平

我的母親，貝克．道雷，是泰雅族最大部落的大公主，為拯救頭目父親性命，無奈放棄心中所愛的人，點頭答應嫁給以政令逼婚的下山治平。為此，她百感交集、傷心欲絕……

泰雅族馬烈巴社大公主貝克・道雷

父親後來又娶了他故鄉的初戀情人——勝又仲子，而後父親和仲子返回日本，二妹敏子因思父殷切患夜遊症，母親則因獨立持家而操勞受苦，我們在台身分特殊，受人指責唾罵……

下山治平的雙妻首次見面
（左至右：貝克・道雷抱下山昇、下山宏、下山治平抱下山敏子、下山一、勝又仲子抱下山佐冶男）

我，下山一，是下山治平與貝克・道雷的長子，父親雖離開我們，一家人仍努力地活著，但無盡的屈辱，讓我恨透了父親；直到我看到一大疊「政略婚姻」的內情資料，才發現自己的無知與魯莽……

下山一台中師範畢業

下山家族二、三、四代全家福

假如父親是日本的落花生，他播種在台灣這塊泥土中，生出的我們就是土生土長的台灣落花生了。如果日本是我們的生身父母，那麼台灣，就是養育我們的父母，養育之恩比生育之恩還大。台灣，是我們的家鄉……

一個家族故事的多元歷史意義

吳密察

下山一（林光明）先生一輩子的願望是期待他的子女可以將他們「下山家物語」寫出來。我看了下山操子（林香蘭）根據父親自述所譯寫的《流轉家族》之後，則衷心希望台灣人都應該來閱讀這個與台灣近百年歷史一起起伏的家族故事。

下山一先生之所以希望他們下山家的家族史可以被記錄下來，應該是他意識到他們的家族故事就是「歷史」。這個「歷史」既是他們下山家的歷史，也是台灣近百年的歷史；是台灣、日本交雜難分複雜詭譎的歷史，而且也是台灣原住民社會二十世紀所面對的「千年未有之劇變」的歷史。

台灣深山霧社地區的原住民社會，一直要到二十世紀初，才被日本殖民政府的軍警武力征服。從此，日本在這裡透過政略婚姻，由「理蕃」警察與原住民有力者家庭的女子結婚，因而得以快速地掌握原住民社會。下山一的父親下山治平和佐塚愛祐、近藤儀三郎，就是當時霧社地區日本警察與原住民女子政略結婚的著名例子。下山治平，於一九一一年娶了馬烈巴社頭目道雷・亞猶茲的女兒貝克・道雷；佐塚愛祐，於一九一二年娶了馬悉多翁社頭目泰木・阿拉依的女兒亞娃依・泰木；近藤儀三郎，則娶了馬赫坡社頭目莫那・魯道的妹妹帖瓦斯・魯道。這些日本殖民政府刻意撮合的婚姻，顯然將背負「理蕃」的後果。

下山治平、佐塚愛祐，先後擔任霧社地區警察最高長官霧社警察分室主任，尤其一九三〇年十月爆發霧社事件時，佐塚愛祐正擔任此職。因此，霧社事件也對像下山一這樣的理蕃警察子女造成深刻的影響。接著，一九四五年日本戰敗，台灣的殖民統治結束，對他們更是一大衝擊。到底，像下山一這樣的日本「理蕃」警察與原住民女子結婚所生的孩子，是日本人還是台灣人？他們的父親和母親，在戰後是否會有一樣的選擇？如果父親與母親的選擇不同，他們到底將追隨父親還是母親的選擇？他們是應該回到幾乎不知父祖之地為何物的日本，還是留在母親的故鄉台灣山地？而這當中又有多少由得了他們自由選擇的餘裕？是他們可以自由選擇，還是他們要被迫地進行選擇，甚至被時代或他人所選擇？山地征服、政略婚姻、殖民統治、戰爭，樣樣都那麼激烈地左右他們的人生！

近年來我們雖然已經比較有心理準備去接納台灣內部多元的族群與文化，但是還是多少存在著一些刻板印象和思考慣性。例如，對於原住民的認識，往往停留在類似「族群分類」、原住民傳統文化這樣的範疇，於是原住民成為沒有歷史的民族，似乎原住民就停留在人類學者開始對他們進行民族誌描寫的二十世紀初年。如今，《流轉家族》讓我們看到了台灣原住民在二十世紀的一百年當中，如何面對外來政權的翻弄，這一齣既是個別家族，也是民族的悲喜劇！這就是我認為，大家都應該閱讀這個與台灣近百年歷史一起起伏之家族故事的原因。

（本文作者為台灣史、日本近代史學者）

「流」、「轉」之間的族群史

詹素娟

我們活在自己的時代，為生命中的每個時刻承擔風險，與家人親朋一起苦受折磨、歡快喜悅，有時涉入泥沼而只能埋頭匍匐，在似有一線光明時奮力打拚。就這樣活著，活著。直到有一天，歷史巨冊的扉頁在眼前打開，我們才像從睡夢中醒來，恍然大悟於渺小的自己竟也是歷史大戲的一環，身上縱橫交纏著各種細索，無意識的演出了一齣齣現實劇，以生命見證了時代的奔流與荒謬。原來，除非來得及自夢中清醒，我們都只是時代的夢遊者。

《流轉家族》一書，是主人翁下山一的回憶錄，是歷史燈光投射不到的黑暗處一個家族的生命故事，更是當事人因為清醒而備感痛苦的心路歷程。

下山一的日本警察爸爸下山治平為了順利完成國家賦予的「理蕃」任務，在執行台灣總督府「隘勇線推進」的世紀工程中，撇下日本國內的初戀女友，獻身「從事蕃婦關係」的「國策」，迎娶了霧社蕃地馬烈巴社頭目的女兒貝克・道雷——下山一的泰雅原住民媽媽。然而，這對異族夫妻在殘酷的統治政略中，建立了愛情、親情具備的家庭，誕育了延續生命的子女，並聯繫起台、日兩地牽扯不斷的情緣，卻也讓下山一在戰後成為卡在日本國、中華民國之間，不知歸屬何方的「亡國奴」。

日本警察爸爸與原住民媽媽的遇合，是台灣原住民中一般僅能知其然而不知其所以然的重要史實。這場藉由通婚而展開的族群關係，在下山一的回顧中，配合珍貴的影像，驚心動魄的呈現了中央山地警察駐在所現場的族群糾葛、爾虞我詐。因與初戀女友的重婚關係，削除職務的警察爸爸離棄了原住民媽媽與下山一等子女，返回日本原鄉，再現了「政略婚姻」最為慘痛的一面。但身為讀者的我們，卻在跟隨主人翁看到理蕃警察霧社分室保險箱中「一大疊厚厚的『最密件』公文」時，也在下山一的淚水中喟嘆歷史的無奈、人性的掙扎。

帶著這樣的會心理解，我們跟著主人翁親歷了日本時代其他政略婚姻的警察子女遭遇、井上伊之助的胸懷、霧社事件的血海風暴、在台日本人的多樣狀態、各級警察機關的人物風貌、李香蘭拍攝電影《莎韻之鐘》的幕後絮語、原住民傳統文化與日本人文明化意圖的齟齬等，種種發生於日台關係邊界的情與怨。而來到戰後的中華民國時期，一個只要有著日本語言、文化、血緣的認同與歸屬，便遭到漠視、無法瞭解、輕視與抹煞的時代。國籍日本的下山一與他的日本妻子、家人，不但肉身遭虐，還在無法遣返日本的困境中，貧窮、孤獨的掉入了政權交替的歷史隙縫裡。在亡國與歸化的無所屬中，原住民的血脈，霧社山地的遼闊與穹蒼星月，接納了這家人，撫慰了這家人；直到下山一的子女，在台灣這塊土地上再度崛起與茁壯，並在基督教信仰中寬諒了一切。

當事人下山一與同遭遇的一群人，在大歷史中的「流」與「轉」，留下了血淚兼具、情仇糾結的細節與證言。《流轉家族》的故事告訴我們，只要從時代的奔流中醒來，就會發現我們正在寫歷史，我們這些一個個的生命，才是構成大歷史最不可或缺的環結。

（本文作者為族群史、區域研究學者，現任中央研究院台灣史研究所副所長）

日本過台灣的泰雅本事

傅月庵

台灣是摶成的。泥沙攪拌火燒而成堅硬之磚。攪拌火燒的過程裡，個人、家族都在未卜的命運之中流轉散落，有生有死，有歡笑有悲泣。聽多了「唐山過台灣」的故事，讀到了「日本過台灣」的本事，不禁讓人想起刻在紐約自由女神像基座下的詩句：「那勞瘁貧賤的流民／那嚮往自由呼吸，又被無情拋棄／那擁擠於彼岸悲慘哀吟／那驟雨暴風中翻覆的驚魂／全都給我！」——台灣的美麗，絕非因其純淨單一，而是來自它的雜駁多元，柔軟寬容！再沒有比這本書更能讓我們瞭解這一點的了。

（本文作者為資深編輯人、文字工作者，現任茉莉二手書店執行總監）

代序

下山家族物語

下山操子（林香蘭）

每當老爹酣醉時，便會淚涔涔地吟唱起自創曲〈夢的世界〉，然後，彷彿跌入回憶一般，對著兒女開始喃喃自語、嘮叨不休起來：

「你們的祖父，我的父親下山治平哪，是日本靜岡縣三島市人，他十八歲就入伍，隨靜岡聯隊屯駐到台中的干城營區。那時台灣的平地和大部分的山地，都已順服為日本的殖民地，唯獨歷來深居高山蠻荒，頑強凶悍的『生蕃』，被歷代政權視為『化外之民』，以隘勇線隔絕，因此從未與文明世界接觸，一直生活於叢山峻嶺，怡然自得悠悠自在地，過著最原始的生活。這些高山驕子們的祖訓是：『看到外來陌生人，見一個殺一個。』『生蕃』傳承獵取人頭的習俗，常常神出鬼沒地下山出草。

若要完成全台灣納入日本殖民地的理想，必須大量無懼生死，願為國犧牲奉獻，投入征服台灣高山凶悍矯健生蕃的日本軍警。於是精悍愛國的父親退伍後，就轉考警官學校，響應台灣第五任總督佐久間左馬太的五年理蕃計畫，參與殖民事業中最艱困的，征服中央山脈中部最強悍泰雅族的事業。」

他沉思片刻又說：

「你們的祖母，我的母親貝克・道雷，是泰雅族最大部落馬烈巴社（Malepa）的大公主，聰慧手巧，十三歲便能織出巧奪天工的泰雅麻織品，於是依傳統於額頭上入墨（紋面），表示已有資格結婚，從此求婚者絡繹不絕，她卻誓死表示，除了雅烏依・諾幹，她誰都不嫁。可這件事在當時其父母長輩絕不可能答應啊！依照泰雅習俗，額頭尚未入墨的男性不算男人，若沒有勇氣殺人，又將如何娶妻生子保護家人呢。雅烏依雖然已到適婚年齡，但是額頭尚未入墨，因此沒有人肯將女兒下嫁。他幼時全家人遭出草殺害成為孤兒，在其叔叔家過著寄人籬下的生活，所以寧願終身不婚，以免妻子兒女也被出草。他也自誓絕不出草殺人，以免害他人也過著傷痛孤苦的生活。

馬烈巴位居高山，想吃魚必須下到北港溪或合歡溪等去抓。常為反對出草與其父爭吵的母親，有次隨其母到西卡瑤社下面的合歡溪捉魚，不料在那裡邂逅了跟自己思想一致的雅烏依，彼此一見鍾情互生愛意。已到被族人譏為老女人的年紀，母親卻始終堅持非雅烏依不嫁。位高權重的泰雅族大頭目，也拿賢慧聰明、能幹又十分頑固的愛女完全沒有辦法。

後來父親被任命為馬烈巴駐在所警部主任，在理蕃政略婚姻的命令鞭策下，以頭目及抗日族人的生命相要脅，強娶母親。然而為他生了六個孩子的母親（冠以日本名字『下山龍子』），明明是先娶者，但戶籍上卻登錄為『內妻』（妾），反而父親後來又娶了故鄉的初戀情人勝又仲子，帶到台灣生了二男一女，其身分才是『正妻』（大老婆）。這對母親公平嗎？」

老爹無奈地搖頭嘆氣又說：

「我就讀霧社小學校四年級時，父親和仲子阿姨都返回日本，從此我恨透了拋妻棄子無情無義的父親。雖然他常來信，我被悲憤之心矇蔽雙眼，未曾看他的信。還好大弟阿宏和二妹敏子會回信。從國小四年級到師範學校畢業，八年間，我寫給父親的信寥寥可數，而且每次寫都是在我最傷痛、悲哀與氣憤的時候。直到師範畢業那年，霧社分室高井主任翻出最密件給我看，看到『政略婚姻』的內情資料、看到父親為安頓政略婚姻之下滯留台灣的妻子兒女，到處奔波陳情的一大疊檔案，才知自己的無知魯莽，想到那些指責謾罵父親的不孝信函，我至今尚覺得羞愧得無地自容。」

每說到此處，老爹便忍不住淚如泉湧。

好奇的我曾問老爹還記得那些信的內容嗎？他屈指算一算說：

「我父親娶雙妻共生九個兒女，其中他最疼愛的一直是敏子，父親歸日後，思父殷切的敏子得了夜遊症。母親為了工作出遠門無法回家睡覺時都交代我，萬一晚上敏子爬起來走向暗夜，絕不可驚動她，只要默默的尾隨保護，直到她自己回來睡進棉被即可。據說驚動夜遊者，會讓他猝死。看著星空下暗夜中敏子口裡唸著：『爸爸您在哪裡？爸爸您不要我了嗎？爸爸快回來。』往返於昔時仲子阿姨曾住過的警察宿舍。我實在心痛，因此，首次提筆寫信責罵害敏子得夜遊症的父親。

我們能住在警察宿舍，母親能以霧社分室「囑託」（臨時雇員）之職，按月領取優厚的俸給，母親深信是高井主任和全體警察們同情我們的遭遇所賜。雖然她自稱是無知的蕃婦，但卻深明大義，知道受人恩惠不但要感恩，更該設法報恩。為了報恩，她借地種蔬菜瓜果，讓交通不便買不到新鮮蔬果的恩人們，能吃到她親手栽培的菜。

她無論大清早、下班後都到菜園忙碌。甚至重病時，仍挑糞尿到菜園施肥。尾隨而去幫忙的我，看到她在樹薯下累倒，但慈愛的母親發現我後還喘著氣說：『阿一，我沒有關係了。菜園之事不是你的工作，快去上課，不許遲到。你的本分是專心課業，將來覓得好職業，才是我的好兒子。』看到獨立持家的母親操勞受苦，我心裡十分酸楚，又寫信責罵父親拋妻不顧，害母親倍受辛勞。

在埔里高等科讀書時，同學們傳閱報紙竊竊私語，然後擁向我，指著報端七嘴八舌地交相指責：『你的父親是寡廉鮮恥的人口販子，誘拐台灣泰雅族女到東京的綠燈戶賣淫。』當我看到這份報紙，羞愧得期望有個地洞讓我鑽進去隱身。母親和弟弟妹妹也都為此遭受困擾。我怒不可遏，提筆大罵父親是罪大惡極的人渣、大壞蛋，為販賣人口上報，不單日本的下山家族蒙羞，也拖累在台灣的我們，受世人指責唾罵。

昭和五年的春假，佐塚愛祐伯伯從馬烈巴駐在所主任晉升為霧社分室主任，母親帶著我們全家去道賀時，正逢他們在拍全家福紀念照。亞娃依阿姨熱情的招呼我們兩家合照一張，正要拍時，佐塚伯伯站起來制止說：『照相洗相片要花很多錢呢。』還很不客氣地驅趕我們。他的孩子昌男、佐和子和豐子求其父讓兩家合照一張，他都傲慢地相應不理。父親曾擁有五台相機，佐塚家的那兩台相機，應該是父親離開馬烈巴前送給他們的。聽說那座比人高的昂貴精工舍立鐘，也是父親免費送給將繼任其職務的佐塚伯伯的。如今我們卻為拍一張相片而受屈辱，心有不甘的我，又提筆責罵父親，怨怪他當時為何不把那兩台相機留給我們呢。

我從台中師範學校即將畢業前夕，那一天我從校長室垂頭喪氣走出時，對父親的憤恨升到頂點。我恨自己為何出生在這個家庭？我恨生而為人為何不能選擇自己的父親？校長的話不停在耳邊繚繞：『我剛接到總督府理蕃課的公文，不許讓你參加畢業前到內地（日本）的修業旅行，避免你見到父親後不肯回台灣，那樣的話你的母親就太可憐了。』我一再向校長保證，一定和師長同學同出同進，絕不滯留日本。但是校長說他不能違背總督府的指令。非常期盼到內地的我，竟為了『父親』的緣故臨行前被阻擋。此時我失去理性般地去信嚴厲責怪父親。」

說到此，老爹無奈地深深嘆了一口氣，掉下淚來。

接著他又叨唸：

「親眼目睹，親耳所聽之事，真的就是事情的唯一真相嗎？若不十分了解而斷章取義的話，那只是瞎子摸象罷了。那些喜歡探究日本時代台灣的文人墨客，常找上門看看父親留下的照片和我們家的照片，然後詢問我們下山家的物語。提到下山家族的日文書我看過四十多本，但是中文書從來沒看過。已出版的書中對母親被丈夫遺棄獨立撫養兒女長大之事，都寄予同情和頌揚；對於父親則千篇一律都只寫其享齊人之福，拋泰雅妻子兒女不顧之惡事。

我尚未看到霧社分室的最密件前，總認定父親是世上最無情無義的大壞蛋。但是目睹那些資料後很慚愧。平時常訓誡我們『右手所做善事不讓左手知道才是真善。』的父親，其實是個真心關愛我們的好父親。假如我能力夠的話，真想親手為父母親出一本書，順便為父親討回公道。」

老爹常以期待的淚眼對我們說：

「假如你們的爺爺是日本的落花生，他播種在台灣這塊泥土中，生出的我們就是土生土長的落花生了。我們下山家族的後代，生在台灣，生活、教育、工作都在台灣。假如日本是我們的生身父母，台灣就是養育我們的父母。養育之恩比生育之恩大，所以我們應該認定台灣是我們的家鄉，真心的愛台灣才對。因此我有一個心願，希望我的兒女能用中文寫下我們下山的家族史在台灣出版發行。不要在乎此書是否能暢銷，只要能留給兒孫們各一本，就是功德一樁啊！」

看我們相應不理，他含著淚，以孤獨淒涼的腔調吟唱起〈夢的世界〉。然後再度懇切地對我們說：「人生苦短似幻夢，轉眼一切成虛空。你們若不肯出手寫下山家物語，過了數代後，我們的後代將無人知曉自己的身家根源了。」

其實並非兒女不孝，而是當時雖然家中都以日語交談，但只受過中文教育的我們，對老爹喝醉時手寫的兩冊「自述」，以及寫家族史必然得熟讀的《台灣植民發達史》（東鄉實、佐藤四郎共著）、《台灣生蕃種族寫真帖》（成田武司編），彼時完全看不懂，就算老爹口述，我們都還是似懂非懂，要如何完成他的心願？

記得我國小四年級時，老爹為了生計，答應霧社電源保護站林淵霖主任，去鬧鬼最凶的高峰氣象觀測所獨守。大峰行雜貨店主陳春麟先生，請老媽當店員。當時日本敗戰約十年，霧社郵局尚未復業，居民都深感不便。陳先生知道老媽曾在東京自家郵局服務過，便申請在大峰行內設立郵政代辦所，郵務由她負全責，以此資助出身日本武士世家，不為五斗米折腰傲骨凜凜的母親。有一天我又被同學以日本鬼子、日本婆仔的話語凌辱，哭著跑回家找媽媽，追問我們的家世背景和同學們有何不同？當下她緊張地四下張望，答案卻依然是：「隔牆有耳，請不要拿這問題為難我。」為何雙親對這問題如此敏感呢？

這段時間，有位揹著大相機的日本青年到雜貨店的郵政代辦所來寄文稿到東京的讀賣新聞社，老媽表情突然變得很怪異，似興奮又不安，似哀傷又含期待地探問：「請問井上昌三先生還在東京的讀賣新聞社上班嗎？」那位青年追問母親和井上昌三的關係，並肯定地說媽媽一定是日本人。但是老媽緊張不安地回答：「我是高砂族。是高砂族的泰雅人，根本不認識井上昌三。只是前幾日也有日本人來寄信給井上昌三時談過他而已。」

我好奇興奮地靠近想告訴那位陌生人：「我們的確是日本人……」但是老媽正以凜冽的眼神凝視我，又以手勢比劃「隔牆有耳，請閉嘴！」制止我發言。

真是無聊透了，我就到外頭蹲著獨自玩佔地圖遊戲。那位自稱奧山的青年蹲到我身邊問東問西，我以父母的口頭禪回應：「隔牆有耳，請不要拿這問題為難我。」他保證不為難我，求我設法次日早晨將家人召集到我們曾借住過，日本時代的公共浴室前拍張全家福。聽到要幫我們照相，在當時全霧社只有農校李少白校長擁有相機的年代，我興奮莫名地答應了。

那張照片後來據說刊登在《讀賣新聞》上。原本以為我們都隨遣送艇葬身海底的日本親人和父母的好友見報後，開始和父母互通音訊。好奇怪哦！當時就在讀賣新聞社當印刷部部長的井上昌三二舅，居然還是母親的家人中最後看到這張照片的人呢！

那張照片上所穿的衣服都是當時我們最新最好的，但從和代、典子和我的赤腳應可看出我們的貧困。從此仲子奶奶、外婆等常寄衣服、鞋子、食品、文具……來。只要食品內含著海苔裹著的米果，絕對是外婆寄給母親的。

道雷奶奶在我未滿一周歲，就在台灣的高山過世了。人家都有長輩疼愛庇護，只有我未曾與長輩謀面。每次看到日本親友寄來的東西，就想用日文去信道謝，於是吵著雙親教我日文，他倆千篇一律地回答：「貧窮如乞丐的我們，不可能回日本了，戰敗國的語文就不必去學了。」不肯教子女日文的老爹，隨著年邁，每醉卻必求兒女將其自述以中文在台灣出版。不是兒女不孝，不是兒女違背父親的心願，是不懂日文的兒女心有餘而力不足，實在愛莫能助呀！

青天霹靂，民國七十三年我罹患了血癌——急性白血球症的第三種變型。台中榮總的李方俊大夫說：「妳患了目前已知十九種血癌中最難纏的一種，治癒率只有百分之四。」血液科楊吉雄主任說：「若想多活些時日，必須熬過三年的間歇化學治療。」

因人生際遇坎坷，我曾竊喜自己因血癌即將從人間消失，對於家人和我都是最好不過之事。然當兩度病危戴上氧氣罩，已逝的親人似乎都來迎接我，突然傳來神莊嚴的聲音：「妳真的願意就此離開人世嗎？」腦中浮現出三個尚在求學的兒女，以及滯留台灣卻完全不學北京語、台灣話的雙親，出門辦事購物事事要依賴我。尤其成為耶穌聖靈教會牧師的家父，其聖經、奧義（講義）、讚美歌都是日文的，在台灣推展源自日本的聖靈教會，必須將讚美歌和各種資料翻成中文才行得通。為協助此生最疼愛我的父親，我毅然扛起翻譯的困難工作和協助傳教各種事宜。

於是兩度向主耶穌祈求：「為了我的父母和兒女請主救我！」兩度看到金鴿從天而降展開雙翅把我籠罩，我才能從死蔭的幽谷回到人間。

有一天，我的點滴瓶和垂下的藥袋中顯現出耀眼的十字架，不管從任何角度看，十字架都明顯地正對著我。我突然跪下祈求：「哦主啊！假如我能蒙祢相救，必勤學日文，期望在祢的庇佑下，讓我能達成老爹的心願，將父親的自述翻成中文，在台灣出版留給後人看。」

三年漫長痛苦的治療期，因為經常請假，年度工作考核都列入丙等。我卻善加利用這時間，由日語會話、童謠、懷念的老歌、國小一到六年級的教科書自習起，不懂的，向雙親請教。母親教我：「字典」是最好的老師。

說實話，在幫忙父親翻譯、協助傳教，每週末參加家裡的日語家庭禮拜之中，不知不覺我已經打下了日語文基礎。因此，當我的血癌被宣布緩解，不用再住院治療的同時，我已能讀懂日文書，還能以日文和親友互通音訊了。

民國八十一年為了測試自己的日語文能力，我應徵長鴻出版社刊登於《國語日報》的翻譯工作。首先試翻中山光義所著「世界大搜奇」的第六冊《萬里尋主的忠狗》。接著翻譯《花之物語》，拿到兩本書的稿費時我告訴老爹：「我有自信能將您的手稿自述翻成中文在台灣出書了。」

欣喜的老爹在台中哥哥阿武家翻箱倒櫃，又翻遍埔里的弟弟阿誠家無數次。奇怪，其自述稿竟消失無蹤，不知藏身何處？動員家人協尋也都找不到，此事令老爹十分懊惱。

他跟我說：「隨著年邁體力日衰的我，也許將不久人世。趁腦海尚殘存些記憶，只能由我口述，妳記錄寫下來，否則我的心願可能就要石沉大海了。」

從此每週五晚上、週六家庭禮拜後和週日整天，我們父女倆開始進行口述與記錄的工作，歷經數月終於寫成《歸化人奇譚》。經鄧相揚先生熱心相助，介紹認識郭大衛先生。民國八十二年五月二十三日，我們與釋覺映畫製作有限公司簽下長達十五年的契約，拿到三萬元簽約金，約定期限內我祖父母和父母的故事若外洩，我將被罰五百倍罰金。

郭先生準備把《歸化人奇譚》改名《歐吉桑的回憶》，拍成十集電視劇，但是他們釋覺所拍攝的《又見福爾摩沙》紀錄片，因牽涉版權問題，被重罰造成財務困難。郭先生極誠懇地向老爹和我致歉說：「連續劇無法如預期拍攝，但我立誓遲早會完成。」老爹要求郭先生《歸化人奇譚》書稿能儘快製作完成，並在他死前出版，郭先生滿口答應了。

八十三年六月十二日，父母八十壽宴時，郭大衛帶著未婚妻來參加，還執意以晚輩身分行跪拜禮。但是老爹十四日猝逝後，郭大衛和釋覺公司的工作人員好像從人間蒸發，怎麼也找尋不著了。

老爹臨終時曾慎重地委託我：「雖然妳是個血癌患者，請妳繼續為我們的後代完成在台灣出版下山家族史書而努力。不要顧慮暢不暢銷的問題，只要妳能完成，我在另個世界必能感受到，我會謝謝妳的。」

希望是支持人存活的動力，為達成對向來首重誠信的父親的承諾，我不斷祈求主耶穌庇佑。民國九十七年，以老爹口述的《歸化人奇譚》及後來找到的兩冊自述手稿為主，再參考老爹給我的數本日文書，我重新整理撰寫的下山家族第一代與第二代故事終於完成。透過東海大學日語系所古川ちかし教授與黃淑燕教授師生的協助，年底時，自費少量印製的《流與轉》終於出版。

民國一百年，透過幾位熱心朋友，包括玉山國家公園盧添登先生、台南黃俊邦先生的輾轉引薦，遠流出版公司王榮文董事長看過《流與轉》後，竟表示願意將此書重新編修，正式出版，聞此訊息，我喜悅地宛如中了人生樂透的頭獎。在下山家族墓園將此喜訊告知日本爺爺、泰雅奶奶與親愛的老爹時，彷彿看見愛哭的老爹慈顏上掛著兩行感激之淚。

得血癌後迄今我已存活邁進第二十八個年頭，蒙主成全，讓我終於達成了老爹所交託的遺願，親眼目睹下山家族故事的正式出版與發行。

感謝林皎宏先生百忙中抽空協助修潤文稿。感謝遠流台灣館編輯團隊副總編輯靜宜、主編詩薇、企劃昌瑜，除細膩費心編輯設計與行銷規劃外，為深入體悟此故事，還特別移足故事發生的現場霧社、埔里、清流、中原、眉原等地考察。對於他們認真負責的專業精神，在此致上深深的謝意。

二〇一一年四月二十六日

※本書內容主要根據家父下山一的口述與自述日文資料譯寫而成，書中對原住民的相關敘述頗多使用「蕃人」、「蕃丁」、「蕃社」……等詞彙，此乃時代背景所致，並非有歧視之意。特此說明。

楔子

賓士不甘物語

身為賓士不甘的後代，深居海拔
二千公尺左右的可烏卡恩蕃，
有巫毒浮庇佑，絕對不可能降
服於紅頭日本鬼。自信滿滿的
道雷大頭目，曾聲如洪鐘豪氣
萬丈地拍胸向族人保證……

相傳，太古時候台灣都沒有人類居住。中央山脈中部的合歡山腰馬利可彎流出山泉，與帖比倫峽谷的山泉匯成賓士不甘溪（北港溪），流經西巴洋地區（今南投縣仁愛鄉發祥村瑞岩）左側有塊平坦之地，那兒聳立著巨大的岩石，叫做賓士不甘（Pinsebukan）。

有一天，雷電交加、天搖地動，「碰」的巨響，巨岩被震裂出一個大洞窟，洞窟中走出赤裸裸的一對男女，男的叫卡拿拉・沙魯莫，女的叫猶瑪，他們就是泰雅族的祖先。

他倆常好奇地互相對望身體的異同，碰碰頭、鼻、耳、嘴，或將兩人的頭髮打結取樂。有一天，男人用舌頭舔舐女人的嘴時，一對大蒼蠅飛到眼前將身體交疊，他倆模仿著將身體交疊，兩人舒爽甜美的交合起來。不久猶瑪的腹部日漸膨脹，生出一個孩子。他們常常如此取樂，結果生出三個男孩利莫亞富、普達、斯酷拉曼和一群女孩。

孩子成人了，天神「巫毒浮」（Utux）傳聲教導，一男一女將臉塗黑，暗夜進入賓士不甘岩洞，不許出聲，默默的交合，從此子孫迅速繁殖。這也就是泰雅族人紋面的由來。

巫毒浮要單腳單眼的神鶩「悉烈克」當傳話使者，然而凡人和祂無法溝通。於是由悉烈克挑選能和祂溝通的人：傳達神旨的被稱為「馬赫尼」，為族人醫病的神醫則被稱為「赫目富庫」。

馬赫尼告訴大家：「發祥自賓士不甘神岩的族群叫泰雅族。」巫毒浮頒布許多「嘎嘎」(Gaga)，即禁忌與規則，順者昌，逆者遭受天譴。馬赫尼擁有高超的巫術，能呼風喚雨驅鬼趕邪、祈求順泰平安……。諸事都能透過馬赫尼和悉烈克以咒語溝通行神事。赫目富庫也是以咒語和悉烈克溝通，而能得到巫毒浮的庇佑，以草藥、唾液驅鬼，乃能為族人從事治病、生產、臉上刺墨等事。

泰雅族人深信悉烈克鳥具有神性。因此每當去狩獵、出草、播種、求婚……時，若遇悉烈克從上方往下飛，或腳絆到石塊，就認定是凶兆，今日不宜行事必須折回。若想化凶為吉，得帶禮物給馬赫尼施法化解。若道路的上方和下方有悉烈克鳥相互呼應之聲，則是大吉大利之徵兆。

馬赫尼有咒詛他人的法力。預防他人偷盜農作物，可請馬赫尼施咒，只要看到農田的茅草打結，就是馬赫尼施了法，偷盜者小則全身發癢、上吐下瀉、跌傷、生病，重者猝死。若遭心儀之人拒婚，據說馬赫尼也能以巫術讓被拒婚者娶到心儀者。總之，族人意外死亡、農作物欠收、引起天災……等，族人都深信是受馬赫尼咒詛，因此對馬赫尼是敬而遠之。

巫毒浮看到人人畏懼馬赫尼，視馬赫尼為神，於是就挑選最英勇善戰、賢明能幹、具有領導力者為社群的頭目。從此祈求巫毒浮保佑國泰民安的祭典，由行政領袖頭目和精神領袖馬赫尼共同行之。

族人繁多後，巫毒浮傳旨：「要成為優秀族群，三代血親內絕對嚴禁結婚交合，否則會遭天譴，遺害子孫。」

西巴洋的住民密度越來越大，巫毒浮傳來聖旨：「今後你們要以人頭祭祀我。」於是泰雅始祖所生三兄弟的子孫們先分散居住，接著互相出草馘首來獻祭。

利莫亞富的子孫翻山越嶺往今宜蘭縣南澳、台北縣烏來等地遷移。普達的子孫向西北遷往苗栗、新竹、桃園等縣。斯酷拉曼的子孫留在賓士不甘神岩所在地西巴洋，以後再往台中、花蓮等縣遷徙。當斯酷拉曼的子孫密度又太大時，頭目決定採行自由選擇方式，部分族民遷往賓士不甘溪之東合歡山腰，部分族民留在溪谷未越之區內。

留在泰雅族人發祥區內的叫白狗蕃，成立三社：馬卡納集社（Makanaji，紅香）、帖比倫社（Tapilun，此台地現無人居住）和馬悉多翁社（Masitoban，瑞岩），此三社皆位於今南投縣仁愛鄉發祥村。

遷往高地的稱可烏卡恩蕃（日本時代改稱為馬烈巴蕃），是當時全台灣泰雅族社群中人數最多者，共成立七社，其中最大的蕃社是卡目甲烏社（日本時代改名馬烈巴社。今望洋），另有西拉卡烏社、呸魯曼社（太陽部落）、木卡巴富社（基牙門。位於馬烈巴橋邊，現無人居）、馬卡集黑恩社（日本時代改稱馬利可彎）、木卡富富社（翠巒）、木卡塔塔社（翠巒國小後方）。此七社原屬南投縣仁愛鄉力行村，但是約十年前，後三社分屬翠巒村。白狗蕃與可烏卡恩蕃人口比例為一比三。

隨著人口的成長，留在賓士不甘神岩地區的泰雅族人，有些向眉原社區遷移。可烏卡恩社的部分，由木拉洋率領向沙拉冒（梨山）、西卡瑤（環山）、卡右（佳陽）發展。猶甘・沙巴庫領著族人向他波庫（大久保、松茂）發展。西基利基是南勢蕃之祖，他由沙拉冒率領部分族人，向稍來溪方向遷移，成立稍來社、白毛社……等，泰雅族的勢力日漸由中部播散到台灣北部，因此也被稱為北蕃。

泰雅族人純樸善良、喜和平富熱情，深居高山，幽居於霧鎖雲掩的叢林間與世無爭。若族民冒瀆巫毒浮訂的「嘎嘎」，無故殺人放火、姦淫擄掠者，若未被出草，則被放逐到平地，稱為「本木看」，是平地人，台灣人之祖。

泰雅族的男人以狩獵為生，家家飼養忠心聰明的台灣土狗，與主人一起奔馳於陡峭的峻嶺。女性將苧麻削皮，抽取纖維織布成衣。雨季耕種生命力堅韌的甘藷、芋、小米、樹豆為主食。採集野生的哇夏庫（龍葵）、亞赫（山萵苣）為蔬菜。摘取野百香果、桑葚、草莓為水果。依據狩獵技巧和出草馘首數量的多寡來論男性的英勇度。當馘取第一顆人頭時，額中刺入黑墨（紋面），表示具有保護妻兒的能力可論婚姻了。女性能獨力削麻織布時，額中刺入黑墨，表示已成人具有持家養兒的能力，結婚前面頰兩邊才刺墨，臉越黑越花，代表此女織布技能越高超。因為泰雅族人長大後有刺墨的習俗，故自清代就有「黥面蕃」之稱。

卡目甲烏社的大頭目道雷・亞猶茲臨終時招喚全家族人到跟前，包括其妹姮巴斯・亞猶茲、其弟酷卡恩・亞猶茲的家人都到齊。這三家人員至今都是馬烈巴勢力最大的望族。道雷・亞猶茲之妻阿利・魯滾，和出生於一八九二（明治二十五）年一月五日的長女貝克・道雷、長男亞富・道雷、次女猶凱依・道雷、次男瓦歷史・道雷、三女利德克・道雷也都隨伺在側。

道雷頭目陷入彌留狀態中，神遊回到他剛剛承受父命接任頭目的時代：身為泰雅頭目責任重大，要守護族民、保衛土地、領著壯丁出草、打獵、耕種、收割，和馬赫尼共同主持祭神儀式……等。他們被文明世界隔絕，被視為罩上神祕面紗的紋面人，為了族民的延續存亡，對於台灣的政治脈動不能不知。他和幾個賢能的勢力者，常利用到蕃漢交界處作交易時，或到平地探視親友之際，探知世事變遷。

泰雅族人不管到那裡，只要認定是住在高山的先住民和住在平地的熟蕃（平埔族）就統稱「泰洋」，漢族（閩南人、客家人）則統稱「本木看」。外來民族聽到「泰洋」「泰洋」之語，以為這個美麗的寶島稱為「泰洋」，遂取其諧音，將此島命名為「台灣」。

但不管本木看也好，西班牙、荷蘭的紅毛蕃也好，打著反清復明旗幟的鄭成功也好，誰能奈何得了我們高山驕子——泰雅族人？

道雷頭目聽說現在來了極為凶悍霸道的東洋蕃人，他們要來統治台灣，泰洋的部落一個個被攻破淪陷。

身為賓士不甘的後代，深居海拔二千公尺左右的可烏卡恩蕃，有巫毒浮庇佑，絕對不可能降服於紅頭日本鬼。自信滿滿的道雷大頭目，曾聲如洪鐘豪氣萬丈的拍胸向族人保證：「我們有巫毒浮守護，有合歡山和奇萊山做屏障，不管什麼敵人來，見一個殺一個，我們永遠是勝利者。」

萬萬沒有料到，他三番兩次敗在似有妖魔鬼怪相助的日本紅頭手下，不得不詐降再伺機復仇雪恨。結果連最疼愛的長女貝克・道雷都無法保護，被日警逼迫為妻。紅頭邀請一群頭目到日本內地觀光旅行，回來後道雷・亞猶茲即終日鬱鬱寡歡。想到可烏卡恩蕃諸社葬送在自己手中，回到巫毒汗（天國）將以何顏面見先人？

道雷・亞猶茲迴光返照，強打精神宣布：「我死後，頭目之職，由我的長男亞富・道雷來接任。」

「亞富，時代變遷得實在太厲害了，我真的不知道該怎麼說、怎麼做才好。總之，儘量不要魯莽行事，雖然貝克已經嫁給紅頭，凡事多和她討論，一切以保護族人為重。」說完後，就離開人世了。

泰雅族女性結婚前雙頰才刺青，
刺得越花代表織布技術越高超。

馬烈巴的蕃童與蕃婦

泰雅族男性以砍頭數和狩獵能力論英雄。（賴貫一牧師提供）

泰雅女性能獨力織布，男性殺取第一個人頭時，表示已長大成人，具有結婚資格，可於額中刺青。（右一為貝克・道雷）

相傳泰雅族的祖先發祥自賓士不甘神岩。

巴一卡，本是泰雅族的瞭望防守台，也作為巫師作法祭天神之用。後來成為男女約會之所。

泰雅族女性善織布。

日本時代的馬烈巴蕃社（昔名卡目甲烏社）

第一話

紅頭突破人止關

日本軍警前仆後繼，一次次企圖突破人止關進入霧社。但是每次都被泰雅人從人止關的山頂落下大石、滾木，射下弓箭阻止……

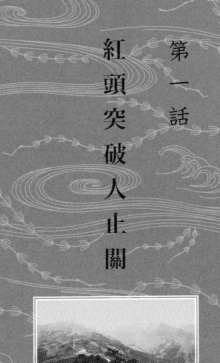

台灣狀似一片孤葉，漂在太平洋、巴士海峽、台灣海峽與東海之間。地理位置特殊，是東亞經貿、交通的玄關與跳板；而且台灣物產豐饒，盛產米、砂糖、茶、香蕉、菸草、棉花、咖啡、蠶絲、樟腦……等，林業、礦業、水產也取之不絕，因此成為列強競相爭奪之地。

清日甲午戰爭爆發於一八九四年，次年清政府戰敗，派李鴻章代表和日本代表伊藤博文在日本下關簽定「馬關條約」，將遼東半島、台灣、澎湖諸島割讓給日本。台灣成為日本帝國的殖民地，也成為日本進行東南亞共榮的南進基地。

第一任總督樺山資紀於明治二十八（一八九五）年六月二日基隆港外的橫濱丸船上，自清廷代表李經方手中正式取得統治台灣的權利。

當時全台各地抗日活動此起彼落，日本政府出動大批軍警，組成討伐隊，以先進精良的武器，剿滅鎮壓反抗軍。

其中最令日方頭痛的是打著「誓不從倭」口號成立的「台灣民主國」。公推唐景崧為總統，丘逢甲為全台義軍統領，劉永福為大將軍，改年號「永清」，以有組織的反抗勢力，領導全島抗日起義。

雙方奮戰拚鬥，六月八日基隆港淪陷，唐景崧由淡水港逃遁到廈門。

同年十月二十二日台南城失陷，劉永福由安平港逃遁到廈門。

雖然尚有零星的抗日餘火未燼，但是到該年十一月日方已視台灣全島的平地大致平定了。

象徵日本精神的第一高峰富士山位於靜岡縣和山梨縣的交界。富士山腳下的靜岡縣三島市有家輾米廠，日本據台滿十年後，米店主人下山為吉率全家手執日丸旗，歡送長子下山治平入伍。

下山治平生於明治十九（一八八六）年十月十五日，滿十八歲入靜岡縣陸軍聯隊，軍事基本訓練完畢後，被派到當時最需要軍警人員的台灣。明治三十八（一九〇五）年初，他到達台中火車站前的干城營區，正式投入日本統治台灣殖民地的舞台。

那時台灣平地的治安雖已告平靜。但是統治台灣有個不得不碰觸的大問題，一個讓日本軍警吃盡苦頭，損兵折將難以計數的「大毒瘤」，卻尚無藥可解。這個台灣統治史上的「大毒瘤」，歷經清朝兩百多年，到日本時代，都讓統治者頭痛不已，它究竟是何方神聖？

早期台灣稱原住民為「番」（日本時代則慣用「蕃」），初期「熟蕃」（平埔族）和住在東部沿海、中、南、北部海拔較低的「生蕃」（高山族）都比照漢人抗日，被統治當局視同剿滅土匪一一平定了，所以已經不算是毒瘤。最後，只剩深居於中央山脈高山峻嶺中的叢林之子，凶悍的泰雅族尚未歸順，成為日本殖民地統治者的眼中釘。

這些深居蠻荒，被文明人隔絕閉鎖，離世過著恣意優遊，不知文明為何物，不思改變原始生活的泰雅壯丁，個個身強力壯、健步如飛、靈活如猴。他們謹守天神巫毒浮的「嘎嘎」（Gaga，禁忌與規則），只要外人入境，見一個殺一個。加上憑藉中央山脈合歡山、奇萊山……的天然屏障地理優勢，使討伐工作困難重重。

對於決心將台灣據為己物、使其完全降服歸順的日本政府而言，當然恨不得早日鏟除此毒瘤，達成完全統治的殖民美夢。

第五任總督佐久間左馬太經深思熟慮後，終於訂出了「五年理蕃計畫」。此政策是自明治四十三年四月到大正四年三月（一九一〇至一九一五年）對原住民採取武力鎮壓的行動綱領，包括討伐深居中央山脈中部的泰雅族群，使這群未曾遭受異族入侵的山民降服歸順，如此才能達成台灣完全接受日本統治的目的。

但要貫徹上述理蕃事業，必先突破霧社人止關障礙，進駐霧社蕃地*，以霧社為基地，再模仿清朝的隘勇制度加以改善，軍、警、蕃民共同去完成。

從明治三十一（一八九八）年總督府的編制便可看出，當時理蕃政策已極受重視（左頁表，參考東鄉實、佐藤四朗共著之《台灣植民發達史》）。原住民約占當時全台人口的百分之二，總督府民政部警察本署共設置四個課，其中一個就是「理蕃課」。而警務課有五個警視人員，其中蕃務警視就占兩名。

總督府
↓
民政部
↓
警察本署
↓警務課
↓保安課
↓衛生課
↓理蕃課

就在理蕃政策勝敗的關鍵時刻，下山治平也以日本皇軍的身分，參加了霧社蕃的討伐工作——突破人止關進入霧社蕃社之役。

人止關位於埔里到霧社的中途。埔里到眉溪是平坦之路，由此轉個大彎就進入險山峻嶺、大峽谷，這座「人止關」可說是天神巫焘浮賜給泰雅族民最佳的天險堡壘，屏絕外人入侵霧社蕃地。偏偏想進入霧社蕃地，似乎再也沒有第二條途徑。

日本軍警前仆後繼，一次次企圖突破人止關進入霧社。但是每次都被泰雅人從人止關的山頂落下大石、滾木，射下弓箭阻止。正當日本軍警人仰馬翻之際，河谷上方殺聲震天、刀光閃閃湧出凶暴猙獰的紋面壯丁，手執刺槍、蕃刀，身背弓箭，隨著「卡嚓」「卡嚓」聲，入侵者的

＊現在的南投縣仁愛鄉日本時代都屬霧社蕃地。

血染紅了溪水，日本軍警幾乎全都成無頭屍。而雙手提滿人頭的蕃丁，則歡唱凱旋歌，旋又遁入蓊鬱的叢林，神出鬼沒地隱身雲霧之間。

人身肉體的凡人若妄想與泰雅人為敵，想要突破人止關，似乎惟有成為無頭屍之命運，萬幸能逃離者有幾人？

據說有個日本人，常自由進出霧社蕃界。這個神通廣大的人是誰？他就是綽號「蕃通」、「生蕃近藤*」，一個名叫「近藤勝三郎」的日本商人。

近藤勝三郎從香港到台灣經商，看到台灣高山充滿商機，乃先了解其民族性，知道泰雅族人極重視親戚關係，於是設法學習泰雅族語，再娶得巴蘭社的公主。因此能自由進出霧社蕃地，從事樟木建材為主的交易。

台灣總督府理蕃課要研擬降服霧社蕃、治理蕃政計畫，都會請近藤勝三郎提供意見，並採用其計謀。

明治三十（一八九七）年，深堀大尉一行十四人，從花蓮往中部勘查能高越嶺道路線時，全體失蹤。一行人的行李在德鹿谷蕃社（今仁愛鄉合作村靜觀）被發現。日本當局乃藉此名義懲治全霧社蕃未撫服蕃社，禁止食鹽、鐵器、槍彈等生活必需品的交易，封鎖其所有物資來源的管道。

接著又在明治三十六年十月六日，利用干卓萬社（今南投縣仁愛鄉萬豐村）的布農族人，以夷制夷，以奉送日常用品為名，引誘霧社蕃中自稱賽德克族、人數最多的巴蘭社（霧社至高峰）、荷戈社（春陽）、羅多夫社（仁愛國中）壯丁到干卓萬社。到達後猛灌酒使醉後追殺至姊妹草原。

這個「霧社蕃膺懲事件」，巴蘭、荷戈、羅多夫三社壯丁被殺一百三十多人，且沒收其槍枝、武器。目的是削弱霧社蕃實力。但是少數知情且逃回巴蘭社、荷戈社者則敢怒不敢明言。等到此事件受害者兒女長大，便成為霧社事件的遠因。真正主謀者也即此事件的後裔。

種種情況衡量下，日本軍警於是決定繞遠路，由埔里經過過坑（中正村）、武界（法治村）、干卓萬、依拿各（親愛村），築隘勇線向高峰的巴蘭社推進，再攻向巴蘭社，趁著未撫順的霧社蕃主力去防守巴蘭社，同時屯駐於眉溪山營的日本軍警大隊人馬由人止關攻進，就可以攻克霧社蕃的巴蘭社和荷戈社等了。

下山治平所屬的台中聯隊和警察隊，由埔里出發駐紮於眉溪山營，等待第一隊人馬的進攻

＊當時能和蕃人以蕃語交談自如者被稱為蕃通。「生蕃近藤」乃「蕃通近藤勝三郎」之意。就如下山治平是蕃通，就被冠以「生蕃下山」。

令。果如預料霧社蕃將主力移往防守巴蘭社，因此治平與其同僚輕易的突破人止關，和第一隊人馬合力攻克霧社諸蕃社。

明治三十九年，霧社蕃的巴蘭社、荷戈社……等社終於降服，歸順儀式在台中州能高郡霧社支廳（後改名霧社分室）以蕃人埋石立誓之禮儀，宣示投降臣服。

翌年十月，治平服兵役三年期滿，面臨該回內地還是轉任台灣警察兩條路的抉擇。

當時警察訓練所分甲、乙二科：甲科是從成績優異的巡查、監守中挑選、培育成優秀的警官，受訓時間四十週。乙科則是每年從日本內地招募普通巡查，受訓二十週後分發到台灣當巡查。

日本政府為全力推展五年理蕃計畫，警察本署發令給軍方，鼓勵適合當警察的退役皇軍，參加轉考台灣警察人員甄試。治平的長官一致認為他將會是理蕃警察俊才，一再推薦鼓勵他轉考甲種警官。下山治平終於列名於軍官轉任甲種警官訓練所的榜單上，接受四十週嚴格的訓練後，決心為實現國家的理念，投入五年理蕃計畫。

從蕃產交易所拍攝之霧社能高神社，對面山頂是高峰。
曾是霧社蕃區人數最多的巴蘭社址，台灣光復後成為高峰瞭望台。
日本軍警迂迴遠繞攻克巴蘭社，才完成突破人止關統轄霧社蕃區。

下山治平從軍中退伍轉任警察時，首先任職於霧社分室的白狗駐在所，管轄馬悉多翁、帖比倫、馬卡納集三社。

日方擁有精良先進的飛機、輕機槍、長槍、手槍、山砲……，原住民以蕃刀、刺槍、弓箭、滾石滾木、獵槍應對，作戰時，能敵得過日方的進攻嗎？

守護中央山脈霧社泰雅族群的天然堡壘人止關。

馬悉多翁下方溪畔西巴洋台地的賓士不甘神岩，即泰雅族人相傳其祖先發源地。（左二下山治平，右三下山一，後方為神岩）

第二話 總督府安排的政略婚姻

談判中治平仔細觀察三位公主：小公主利德克是個小娃娃；二公主額間有紋面，長得還不錯；那位身材曼妙，柳眉明眸皓齒的美女，則有種似曾相識的感覺。對了！就是她……

日軍的軍帽上有紅線，因此泰雅人把日軍稱為紅頭，後來凡是日本人都叫成紅頭。治平從警官訓練所結業後，由紅頭軍裝改成泰雅族人最敬畏的日本警察服裝。他投身警界，便參與籌劃執行五年理蕃計畫與「政略婚姻」的事務。

「政略婚姻」是為了征服、治理地處台灣最高山、最偏遠地區，最桀驁難馴的泰雅族人所設。這是第五任總督佐久間左馬太於明治三十九年策定「五年理蕃計畫」中的一環，該計畫預定從明治四十三年四月到大正四年三月五年間（一九一〇至一九一五年），完成全台灣統治的殖民大事業。而政略婚姻，就是綽號「生蕃近藤」的近藤勝三郎所獻之策略。

清代的隘勇制度，是設於漢、蕃交界處的武裝防衛線，藉以隔離原住民地區與漢人已墾殖地區；總督府改良後續加利用，首先建造可行駛二軌台車道的隘勇線。

日本軍警和蕃丁自明治四十二年三月開始，將隘勇線從霧社築向能監視白狗蕃社的梅木，建立梅木分遣所。再沿著山腰遇河架橋，遇斷崖架設棧道，依地勢、距離建設防蕃機關。例如：蕃務官吏（警察）駐在所、隘勇監督所（警戒）、分遣所（武器彈藥儲藏所）、隘寮（避難小屋）、砲台……等。

隘勇線築到左側有塊台地，由此下望，白狗蕃的馬悉多翁、帖比倫二社盡在眼底，於是在此地建立白狗駐在所，軍警和「味方蕃*」丁開始以大砲、精良的槍枝彈藥，合力討伐馬悉多翁社（瑞岩）、帖比倫社（無存）、馬卡納集社（紅香）。白狗蕃三社不敵日方先進的武器和優勢的兵力，很快地降服。歸順儀式在白狗駐在所，由馬悉多翁社大頭目泰木・阿拉依率眾蕃丁，埋石宣示順服。

白狗駐在所成為下山治平當日本警官，投入理蕃事業的第一站。

這種鋪上雙條鐵軌，可供台車行駛的隘勇線，繼續往深山建築，到大正三（一九一四）年末，共築了一百十一公里，並且視治安防備的需要再修築。全台的隘勇線，以圍繞中央山脈泰雅族群的最長。

明治四十二年五月，隘勇線由白狗駐在所修築到可烏卡恩蕃社，卡目甲烏社的大頭目道雷・亞猶茲萬萬沒有料到，居然有異族敢來入侵，頑強的大頭目受此恥辱，赤裸全身，揮著蕃刀，指揮可烏卡恩蕃七社蕃丁，與日本軍警作拼死的保衛戰。

他自信險峻詭譎中央山脈的合歡山、奇萊山叢林是巫毒浮賜給賓士不甘子孫的最佳戰場，紅頭日軍絕非泰雅壯丁之對手。他和馬赫尼祭拜巫毒浮後，向全族蕃丁宣布：「巫毒浮允諾我們

＊「味方」是日文，意即「親善的夥伴」、「同夥」，「味方蕃」指與日本殖民政府關係友好的原住民部落。

把日本紅頭全部砍下來。我們泰洋一定贏！泰洋加油！泰洋加油！」

不料紅頭的山砲「碰！」的巨響，無數族人倒臥血泊，「碰！碰！」的巨響，只見房屋一間間瞬時倒塌，嚇得族人尖聲怪叫抱頭鼠竄。槍林彈雨又不長眼睛地亂射殺族人。為了守護族民的生命，道雷頭目大聲呼喊，要族人往賓士不甘溪方向逃，叫老幼婦女躲進岩洞。

次日，盛怒的道雷頭目又全身赤裸，揮動蕃刀，指揮族人進行守衛戰。沒想到除了日本軍警，擅長叢林戰的味方蕃竟做先鋒來和己方廝殺。如此頑強對抗數日，深怕遭滅族之痛，卡目甲烏大頭目交出三百挺槍枝，於明治四十二年五月詐降。歸順儀式在卡目甲烏駐在所，由首屆駐在所主任長谷川巡查部長接受道雷頭目率眾蕃丁埋石立誓歸順。

明治四十三年十月蕃情有變，日本巡查兩人到卡目甲烏社來調查戶口、槍枝時慘遭殺害。然後道雷頭目親自率領眾蕃丁，偷偷殺向卡目甲烏駐在所，把日本人殺個淨光，駐在所、監督所等也都放火燒光。

幾乎與此同時，頭目的長子亞富・道雷也攻向馬利可彎分遣所。怎料踩到地雷者，炸得粉身碎骨，幸運沒踩到地雷者攻向鐵絲網，身體觸到鐵絲網便發麻顫抖，隨著飄散的烤肉味變成焦屍。然後，分遣所的大砲發出如雷的巨響，警察的槍彈也飛射下來，甚至對面馬卡納集分遣所的大砲，也和馬利可彎分遣所的大砲相呼應起來。

馬赫尼大叫：「悉烈克剛傳來巫毒浮的聖旨，紅頭的馬赫尼法術比我們高超，不可戀戰，速速逃命再做打算。」

他們逃遁入可烏卡恩的叢林內和頭目會合，商議待深夜再去攻打馬利可彎分遣所。萬萬沒有料想到，還沒入夜，下山治平已率白狗駐在所的警察和蕃丁來應戰。他們的山砲威力實在太大，弄得可烏卡恩蕃地內死傷無數，房屋、農作造成極大的損害。於是道雷頭目們再度降服，埋石立誓不再反叛。

明治四十四年二月，可烏卡恩蕃社又開始向日方挑釁。日本軍警和味方蕃再度合編可烏卡恩討伐隊，大隊人馬攻向可烏卡恩蕃地。下山治平又奉命再次率領白狗駐在所的警察和蕃丁應戰。

這次戰況十分激烈，可烏卡恩蕃丁藏身合歡山和奇萊山的叢山峻嶺間，以其矯健的身手和熟悉的地理優勢，神出鬼沒地砍取敵方頭顱。他們真是叢林高山之驕子，很擅長打叢林戰。應戰者一個不小心，便會掉進陷阱被殺。踏到覆以枯草的麻繩者，被吊掛砍頭。石塊、滾木都和弓箭、刺槍一樣成為殺人武器。雙方苦戰惡鬥至三月二十五日。道雷・亞猶茲頭目終於又豎白旗，繳出一百九十八挺獵槍降服。第三度在卡目甲烏駐在所址，埋石立誓絕對臣服。

這次戰役中，心思重重的下山治平，恍惚了一下，遭敵蕃以蕃刀從身後砍殺，只差一點點就被馘首。他血流如注躺在擔架上，被蕃丁送往霧社醫務所。他時而清醒，時而昏迷。

蕃丁們飛奔到可汗小溪時停下來掬水喝，這時治平也口渴得很，在朦朧迷糊中，聽到蕃丁和一位姑娘談話：「貝克……」「貝克……」。治平在似夢似幻中看到一位美若天仙的蕃女，以芋葉掬水讓他喝。他在霧社醫務室住院一個多星期，出院回白狗駐在所，睡夢中，偶爾還會出現仙女掬水給他喝的畫面。這到底是真實還是夢幻？很久之後治平才得到答案。

其後，身體完全康復的下山治平接到上級命令，任命他為卡目甲烏駐在所警部補主任，並要求他儘早和頭目之女結婚，好發揮政略婚姻的作用。

他上任後，先調查日方圍攻了三次的可烏卡恩蕃社地形地貌。驚覺最大的蕃社卡目甲烏社離駐在所最近，他們易藏身森林荒草間進攻駐在所，因此，首先強迫卡目甲烏社全體遷徙到馬烈巴這塊土地上，被火燒光的駐在所，則重新設計修建。

卡目甲烏駐在所和監督所建在原來的小山崗上。駐在所面對馬烈巴，包含其上方的西拉卡烏、呸魯曼、基牙門、馬─卡*等社。隔一條通道，面向東的監督所和馬利可彎分遣所相對望。馬利可彎分遣所不但可看清木卡富富、木卡塔塔，甚至屬於白狗蕃的分遣所、馬卡納集社、帖比倫社等，以望遠鏡看起來都似在眼前。

為了防範蕃人再攻駐在所、監督所，小山崗上的樹木雜草全部砍除，然後做成梯田狀，從日本、平地帶來各種蔬菜和長不高的水果試種。駐在所左後方、監督所後方是警察健身房、宿舍和醫療室，並將栽培蕃婦充當護士（暫時由警察夫人充任），公醫會巡迴來看病。駐在所正前方還挖了一個魚池，試養各種魚，能適應高山地區的，繁殖後放生到山區的溪流中。駐在所辦公室的左邊是主任宿舍，右邊分成值班室和客房。

卡目甲烏社全體搬到馬烈巴後，正式改名馬烈巴社（Malepa），駐在所也改稱馬烈巴駐在所。從駐在所築石階向下，石階中段的右側是水泥蓋的監牢，別看他面積不大，以木板隔成五層，犯人可坐關數十人呢！石階下接一段碎石路，便到達大運動場。

運動場右側中間建一座「巴—卡」，原本的目的是安撫蕃人精神，耕種祭、豐收祭、婚禮、運動會……等請祭師、頭目等以牛、羊、豬頭頂替人頭，求神庇佑國泰民安、風調雨順。不知

*「—」表示「馬」要拉長音讀。以下同。

不覺間「巴—卡」成為男女約會戀愛場所，湊合了無數佳偶。

運動場的石階下靠監督所山崗底下還建有數間木屋，包括：

一、蕃產交易所，以物易物，改善社民生活。蕃人老遠揹負獵物、藥材、野香菇、木耳……等到霧社、埔里以物易物時，常受漢人詐欺，只換得一些些日用品、鹽、糖、針線、農具、食品……等。現在改在蕃產交易所交易，可以獲取更多更便宜的物品。所買賣之物，由社民以義務勞動方式搬運，以物資當酬勞，所獲利潤，在各種喜慶之日，由警方賜牛、羊、豬、魚、酒……等共同慶祝。或當獎品，犒賞有功績優的蕃民。此亦是警察們在交通不便蕃區的福利措施。

二、蕃童教育所，滿八歲蕃童強迫入學四年，由巡查當教師，教授簡易的語文、數學、生活常識、衛生習慣。授予文明人基本的知識學問，以期早日文明化。

三、青少年教育所，招收超過學齡的青少年，施予兩年教育。聘請警察夫人們為「囑託」（臨時雇員），教導蕃民良好的衛生習慣、種植蔬果、養蠶、飼養家禽家畜。改良織布方法、學習烹飪……等。

四、僧侶所，請來僧侶住持，想利用宗教的力量改掉殺人祭神的不良習俗。僧侶所四周掛滿天堂、地獄對照圖。警察告訴蕃人：「人類首惡為殺人。身為人該多行善積德。人死後，善有善報上天堂，惡有惡報下地獄。」每當警察威脅利誘帶蕃民進入僧侶所，他們看到地獄圖都驚慌尖叫：「巫毒浮・亞給富（妖魔鬼怪）！」逃出僧侶所，再也不敢進去。政府有令不可用強迫手段，因此要蕃民信奉佛教之事，始終沒有成效。

身為駐在所主任，管轄的事務實在太龐雜了。除以上所列，首要任務還是時時和監督所、分遣所連繫，共同維護治安，穩定蕃情，不再發生抗日事件。其他還有建築埤圳，引山泉水入蓄水塔，供蕃民生活之用。馬烈巴社有兩個大儲水塔，用水泥蓋的，其旁邊設長水漕，約有十個水龍頭，是社民的洗衣場。還有兩、三個直接裝在儲水塔的水龍頭，底下擺放公用水桶，供蕃民洗澡、洗菜……等用。

另外，還要發動義務勞動，像是修路、鋪橋、修水圳、清掃社區、揹運警察和蕃產交易所物品……等。搬運建材、各種水果苗木，教導蕃民種植。調查戶口、管理槍枝、禁止紋面、禁止將死人埋葬在家裡……全都得管。

為預防反抗，自古素以狩獵維生的蕃丁，槍枝都遭沒收管制。警察訂定槍枝借用辦法：每人每年可借用一次，且以一枝為限，借用日期不得超過五天，配發五顆子彈，每日社裡擁有槍枝數量不得超過五枝。這辦法很難讓蕃丁心服。偶爾會到蕃、漢交界處偷換槍枝藏匿。為調查、沒收藏匿的槍枝，日警常遭蕃丁殺害。

治平每當為理蕃之事苦惱時，常緩步由駐在所走到運動場入口的一棵大櫸木下，望著中央山脈靜思對策。

有一次他看到亞富・道雷正在「巴—卡」前訓練幾隻黑色的台灣土狗，已成蕃通的治平掛著笑容，近前觀看搭訕。他深知叢林子民最愛獵狗。為早日實現理蕃奇策，治平必須親近頭目家人，與之為友才能事半功倍。

「亞富，你在跟狗玩啊！」

「什麼？玩狗？你看不懂我在做什麼嗎？」

原來獵狗獵性並非天生，需要訓練教化。

亞富一邊訓練獵狗，一邊和下山警官由狗經開始，天南地北的閒聊。

狗兒不聽話時，亞富大聲斥責，甚至猛打。若能順其言行事，叼回丟出的獸皮，就加以讚美、愛撫、摟抱。

突然一隻老鷹凌空飛翔，亞富取出弓箭瞄準老鷹：「咻！」的一聲，老鷹搖搖欲墜地掉進草叢裡。

這些獵狗飛速奔進草叢，一隻大黑狗驕傲地叼回老鷹，亞富從狗嘴取出老鷹後，立即從腰上掛的山貓皮囊中，取出肉塊犒賞那隻黑狗。這時，治平突然領悟出理蕃事業成功之道，就是要「恩威並重」。

有一天，治平和兩位監督所巡查荷著槍，挨家挨戶搜查隱匿的私槍，把藏匿私槍者綑綁成串，搜到道雷頭目家，赫然也搜出一枝私槍，三個警察圍捕頭目時，五個被用繩子串在一起的蕃丁，乘機奪回槍枝，逃入奇萊山。

頭目被抓起來監禁，然後治平放話出去：

「頭目屢次率領蕃丁和日方對抗，經歷三次埋石歸順之儀，還敢違法藏匿私槍，顯然又企圖造反。此次我們不再原諒頭目，將處決懸屍於曝屍場。」

曝屍場位於見晴農場路邊，是白狗蕃、馬烈巴蕃人來往霧社必經之處。昔時罪大惡極的蕃人槍決後懸掛於曝屍場，以此警示蕃人要守法守規。

此消息傳遍馬烈巴社，頭目家族和蕃丁都來求治平網開一面：「道雷‧亞猶茲是我們族民最珍貴的頭目，我們不能失去他的領導，懇求你們原諒他的過錯，只要釋放頭目出來，我們絕對遵從埋石之誓，完全順服大日本，並且協助調查隱匿私槍者。」

當時的政令是以懷柔政策教化蕃人為主。但是對桀驁不馴的蕃人，其生殺大權就握在駐在所主任手中。

治平擺出高傲之姿，不答應他們所求。

依上級指令，膺選為政略婚姻的日警，必須娶頭目之女或姊妹為妻，藉以利用蕃人十分重視親戚關係，推展理蕃政策。結婚三年後，可繼續維持夫妻關係。若不願做夫妻時，在顧及蕃情平穩的前提下，政府將隨時安排該員從蕃社消失。

頭目家族又到駐在所懇求釋放道雷頭目，在談判中治平仔細觀察三個公主。小公主利德克是個小娃娃。二公主額間有紋面，在泰雅族眼中已適婚了，長得還不錯。那位身材曼妙，柳眉明眸皓齒的美女，則有種似曾相識的感覺。對了！就是她。不管用何種手段，為了不負皇命，治平決定娶小他六歲的瓜子臉櫻桃小嘴大公主貝克・道雷為妻。

「恩威並重」策略可派上用場了。

治平勤於走動頭目家，每次警丁都會提滿禮物相隨，他自備酒菜來和頭目家人共進晚餐，並表達求婚之意。

二公主和小公主都說：「我們貝克除了西卡瑤的雅烏依・諾幹以外，她不要結婚了。」亞富和瓦歷史邊喝酒邊不屑地說：「貝克很頑固，都變成老女人了，還堅持只嫁給那個沒有用，沒有膽量的爛東西。」

頭目的妻子阿利・魯滾自責地說：「都怪我，都是我害貝克的。要是我不帶貝克到西卡瑤捉魚，她就不會遇到雅烏依・諾幹。一定是雅烏依請馬赫尼作法，所以貝克才會堅持要嫁給他。」

雅烏依・諾幹幼小時全家人被出草砍頭。他立誓不冤冤相報殺人，害人孤苦無奈，以致二十出頭額頭尚未見紋面，因此被族人輕蔑唾棄。雅烏依不願族人相殘之理念正好和貝克相合，因此這位高大俊秀的男人，成為貝克執意要嫁的對象。

貝克搗上耳朵大叫：「好了！好了！都別亂說了，反正我早就決心除了雅烏依・諾幹誰都不嫁。」

十三歲額頭就紋面的貝克，美名遠播，本社、外社來求婚者無數，在婚姻由父母決定的風氣之下，她寧願被笑成老處女，也執意非喜歡之人不嫁。

頭目有五個兒女，貝克長得賢淑美麗，孝順父母、疼愛弟妹、善待族人，因此最受父母寵愛。治平撂下狠話：「將處決道雷・亞猶茲和抗日族人，掛屍於曝屍場，讓蕃人明白，就算是頭目，反叛日本政府的下場就是這樣。」

貝克眼看最疼她的父親要被槍殺了，全家人和全馬烈巴蕃社，將失去最英勇的精神支柱。她百感交集、傷心欲絕，為了救父親，無可奈何地點頭答應嫁給下山治平。

治平和貝克終於結婚了，婚禮在白狗駐在所盛大舉行，達官顯要雲集來祝賀。婚宴在馬悉多翁社熱熱鬧鬧的殺牛、豬分給親戚們，飲酒吃魚肉，歌舞歡慶三天三夜，馬烈巴、白狗蕃社的親友和霧社蕃各社的頭目和勢力者，都由當地的日警陪著來慶賀共歡。這是明治四十四（一九一一）年五月之事。

「生蕃近藤」近藤勝三郎獻上的奇謀異策——「政略婚姻」，就此開始發揮控制最凶悍難馴異邦異族的作用。

治平和貝克結婚了，那麼尚未出世成為他們兒子的我，也該稱呼他們為父親和母親了吧！

明治四十四年，日本政府免費招待當時最凶悍難馴蕃社的頭目、勢力者到內地（日本）觀光旅行。主要目的是讓他們看看日本文明社會的科技進步情形，尤其是兵工廠、軍用機場、海港……等設施，讓他們了解日本軍事武力的先進強大，好打消蕃人叛日、抗日的念頭。

我的外祖父道雷・亞猶茲、白狗蕃大頭目泰木・阿拉依、霧社蕃馬赫坡社頭目莫那・魯道、西卡瑤社頭目諾命・瓦旦……都在被招待者的名單之中。

外祖父從日本回來，脫胎換骨似地變得較溫和謙虛了。不知是被日本軍事武力科技所震懾？還是因為愛女已嫁日警不願為難她？總之，打消抗日企圖的他，顯得消沉憂悶，鬱鬱寡歡。不再頑強的他甚至還會勸說他人：「凡事順者昌、逆者亡。順命則幸福易行，逆命則坎坷難行。」

同床異夢的我的雙親，次年春末，生下了長女下山春子。那年夏天，父親要求母親去勸說白狗蕃馬悉多翁社大頭目泰木・阿拉依的長女亞娃依・泰木，下嫁給白狗駐在所警部補主任佐塚愛祐為妻。

母親認為嫁給日警後，可以學會日語和許多文明人的生活方式、技能，再擔任囑託，教授族裡的青年男女，早日改善族人的生活，趨向文明化，食、衣、住、行、衛生、農業、經濟……

等都能突飛猛進，這應該是造福鄉里的善事，為族人早日去蕃化為文明，嫁給日警可說是一條捷徑。

搖身一變，裝扮成高貴日本婦人的母親，揹著春子，以到馬悉多翁的溪岸溫泉沐浴為藉口，拜訪親友亞娃依・泰木，勸勉她答應嫁給佐塚愛祐警官。

歸途風雲變色，傾盆大雨驟下，母親揹著春子姊，走到馬卡納集與馬烈巴分界的便橋上，突然橋被洪水沖斷，母女被激流沖下，千鈞一髮之際，被雨中捉魚同社的哦—蘭父子相救，還一路護送回家。

淋了豪雨又掉入急流受到驚嚇後，春子發起高燒，療養所常備的感冒退燒藥無效。母親帶著春子姊到呸魯曼社請赫目富庫治病也沒用。父親堅持帶到霧社醫務所治療，醫師說感冒引起了肺炎，因延誤醫治終至亡故。

等我中年後，有時會懷疑，當時父親會不會認為這是天助他也，政略婚姻三年後無兒女牽絆，剛好能安心回內地和心愛的人結合呢？

明治四十五年十二月，白狗駐在所主任佐塚愛祐和白狗蕃馬悉多翁社大頭目泰木・阿拉依的長女亞娃依・泰木終於要結婚了。父母親高高興興地應邀到霧社分室參加婚禮，賀客盈門達官顯要群集。婚宴是在羅多夫社殺牛、豬、羊分給親戚，唱歌跳舞飲酒食魚肉歡慶，霧社支廳管轄區內的頭目和勢力者，都應警方邀請而來。

馬赫坡社頭目莫那・魯道因心情不好很快就爛醉如泥，他抓著其妹帖瓦斯・魯道和妹婿道澤駐在所巡查近藤儀三郎（近藤勝三郎的弟弟）反反覆覆發牢騷：「不公平！日本人真不公平啊！為什麼同是日本警察娶我們泰雅公主，下山治平娶貝克・道雷，佐塚愛祐娶亞娃依・泰木，日本政府出錢買牛、羊、豬、魚、酒……等，他們的長官和我們做頭目的都要參加？為什麼你們結婚沒這樣做？不公平嘛！紅頭好像看不起我們賽德克族人……」近藤勝三郎看到此情況，趕緊催促其弟儀三郎和弟媳帖瓦斯又哄又推拉的，一起把莫那・魯道架離婚宴場所。

大正三（一九一四）年五年理蕃計畫的最後一役，關係全台灣可否完成完全殖民統治的「聖戰」即將開幕。總督府把討蕃總司令部設在花蓮，積極展開前置工作。

大腹便便的母親受父親委託，勤跑沙拉冒蕃社（今台中市和平區），西卡瑤頭目的長女利德克・諾命是母親的表妹，她經常陪著母親四處走動，收集各種情報。

父親要求母親勸利德克・諾命嫁給西卡瑤駐在所巡查主任下松仙次郎。西卡瑤頭目諾命・瓦旦很不悅地回答：「貝克，下松主任比我女兒大十七歲，都可做她爸爸了，妳怎麼會鼓勵他們結婚？」

下松仙次郎曾是騎兵，參加過日俄戰爭，戰勝回國，其兄宗次郎留下一男一女而逝，奉父母之命，為照料其兄的兒女，和嫂嫂加野結婚又生一子。明治四十三（一九一〇）年他獨自渡台，從事理蕃巡查的工作。

他頗有語文天分，英語、德語、西班牙語……都精通，對於台灣一個小島國擁有繁雜的語言很感興趣，到台不久就成為泰雅語和布農語的蕃通，和蕃人相處融洽。不久下松仙次郎和利德克・諾命結婚了，兩人感情甚篤。

母親和利德克・諾命偶爾也作伴到太魯閣蕃社拜訪親友，順便收集地形地貌與太魯閣的蕃情提供給丈夫。

台灣以中央山脈為分水嶺，分東、西部，馬烈巴和沙拉冒可說都在中央山脈之中央，太魯閣（花蓮縣秀林鄉）在中央山脈之東，居民都因野蠻驃悍聞名，而成日方理蕃「大毒瘤」。而全台灣山地討伐撫順工作的最後一役，就是討伐威猛、猙獰的太魯閣諸蕃社。

討伐太魯閣之役，日方兵分三路：

第一路人馬由日本內地派遣正規皇軍自花蓮登陸，與警察、蕃丁合編攻向太魯閣。

第二路人馬是由我父親下山治平擔任奇襲隊長，這是由霧社各蕃社的警察和蕃丁合編的隊伍，有霧社、萬大、道澤、白狗、馬烈巴等各蕃社一千多人攻向太魯閣，母親身懷六甲，卻一直陪著父親做前導。

第三路人馬是由駐紮在台灣的正規陸軍部隊集合於霧社，緊隨下山奇襲隊之後，以強大先進的大量武器，山砲、長槍、手槍、日本劍……，展開天昏地暗，血流成河的激烈叢林戰。

統治台灣殖民地的最後一役「太魯閣之役」，從大正三年五月三十一日自霧社開拔攻向太魯閣，血戰惡鬥至六月二十九日，兇悍的太魯閣諸蕃社，終於繳械投降。太魯閣蕃社諸頭目和勢力者，在太魯閣駐在所埋石立誓降服。

父親率領威風凜凜的凱旋隊伍回到馬烈巴，留下大腹便便的母親之後，繼續帶領隊伍到霧社支廳交差，受到盛大的迎宴。當他又回到馬烈巴駐在所時，我這個紅通通的初生嬰兒也在歡迎他凱旋歸來呢！

母親和外婆常告訴我：「你們兄弟姊妹六人當中，只有你是唯一由泰雅赫目富庫神醫所接生的。那天你父親領著凱旋大隊向霧社出發時，媽媽開始陣痛，當時公醫又沒來，只好請赫目富庫接生。我們到可汗小溪路左側的泰雅式外科醫室，一間小小的茅頂木屋，那是赫目富庫為會流血的患者所搭建的，像紋面、生產、拔牙、外傷……都在這溪邊小屋進行醫療。媽媽肚子痛時，咬牙緊緊抓著屋頂垂下來的粗麻繩，蹲著使出便祕時要大便的力道。當時屋外雷雨交加掩住媽媽的哀嚎聲，『哇！』的嬰兒哭聲壓倒雷雨聲，我們都欣慰你是個聲量勝過雷公的健壯小子。」

我出生那天是大正三年七月一日。同年八月二十三日總督府正式宣布：原定大正四年三月完成的五年理蕃計畫，提早完成。換句話說：日本破紀錄統治了全台，整個台灣島正式納入日本的殖民地。

參與太魯閣之役的軍警們，正式舉行解隊儀式，設於花蓮的總司令部，也撤退回內地了。

我父親常言：「居安思危，完成絕不代表結束。為確保國泰民安，理蕃事業一日不可偏廢。」

父親還經常摟著母親感激地說：「台灣的理蕃事業能提早完成，讓蕃民快速文明進步，生活品質加速改善，經濟能力日漸提升，蕃童、蕃青接受教育不再加以排斥，這個功勞數妳和亞娃依・泰木、利德克・諾命最大了。」

不過，由佐久間左馬太總督主導，為達成全台灣納入日本殖民範圍而推動的五年理蕃計畫，在威脅利誘之下，成為政略婚姻日本警察太太的三位泰雅公主的結局都不相同。

深愛自己家鄉，自尊心很強的家母貝克・道雷（下山龍子），一生都沒有踏進家父下山治平的故里。夫妻分居日本、台灣。台灣光復後改名高阿敏。不到一年母親在馬烈巴病故。昭和二十七（一九五二）年四月二十四日父親在東京病逝。葬於故鄉靜岡縣三島市家墓。

亞娃依・泰木（佐塚八重子）之夫，佐塚愛祐死於霧社事件。台灣光復後，她先滯留台灣，改名黃秋愛。年老體衰時，其幼子佐塚晃男和長女佐和子把她接回日本，頤養終老。

其長子佐塚昌男（林光昌），從台灣省政府農林廳退休後，曾住在霧社，後來中風行動不便，把霧社的房子賣掉。他再娶的馬悉多翁太太日出子和兩個兒子遷居台北士林。昌男則由其嫁到日本的女兒美代接到橫濱養病終老。昭和五十三（一九七八）年一月於橫濱市戶塚區幼子家中，亞娃依在四個兒女圍繞下安息，遺骨安厝在長野縣南佐久郡海瀨（佐久町）佐塚家墓與夫婿共同長眠。

大正九年沙拉冒事件（見一〇七頁）後，沙拉冒蕃們十分排斥西卡瑤社頭目諾命・瓦旦，都說他的靈魂已被日本巫術控制，改擁貝林・比泰為頭目。此時下松仙次郎改調霧社分室轄區內的眉原駐在所（仁愛鄉新生村。離惠蓀林場最近）。諾命・瓦旦傷心的隨其女全家遷居眉原。此時，下松的日本妻子加野也帶著兒女到眉原共同生活。

後來，加野要求下松為兒女教育著想全家回故鄉。語言天分高的下松迷戀研究台灣多元的語言不願回日本，加野就在北港溪自殺，死後其所生兒女三人，被日本親屬帶回故鄉。

日本戰敗後，三對政略婚姻中最幸福的利德克・諾命（下松律子）帶著四個兒女（長男、次男早回日本，長女已嫁），跟隨丈夫被遣送到日本的鹿兒島縣。昭和二十八年，下松仙次郎逝世，享年七十二歲。利德克・諾命也於昭和三十二年在大阪過世，享年五十九歲。恩愛夫妻的遺骨，同眠於鹿兒島日置郡日置村的下松家墓。後來其三男將他倆的遺骨改葬於東京近郊淨土真宗本願寺的墓地。

下山治平完成政略婚姻第一號任務，
娶得馬烈巴大頭目道雷・亞猶茲最疼愛的大公主貝克・道雷。
她婚後平時打扮成日本婦人，
惟有幫丈夫到他地收集情報資料時才以泰雅婦人模樣現身。

政略婚姻是商人近藤勝三郎所獻治理最深山凶悍難馴蕃區之策略。圖中是其弟道澤駐在所巡查近藤儀三郎和其妻帖瓦斯・魯道，也就是霧社事件主謀領袖莫那・魯道之妹。

出身鹿兒島的日警下松仙次郎，已有妻子和二子一女，奉命娶沙拉冒蕃西卡瑤頭目諾命・瓦旦之女利德克・諾命為妻。

下山主任脅迫貝克公主，若不嫁給他，其父親將以藏匿槍枝準備反叛之名槍斃，然後懸屍見晴牧場的曝屍場示眾。為救父貝克該怎麼辦？（昔時見晴牧場，今稱清境農場）

原本堅持只嫁所愛之人的貝克，因其父被關入監牢，顧慮父親安危的她陷入痛苦。（昔時人口最多的馬烈巴社如今已成公墓，圖上方水泥建築即當時監牢。）

下山治平警官任職馬烈巴駐在所主任時，受命娶大公主貝克・道雷，利用族民極重視的親戚關係，以頭目家族的影響力治理蕃政。（前中霧社分室主任長崎重次郎，後排左一下山治平，後排左三佐塚愛祐）

推行五年理蕃計畫之政略婚姻的是台灣第五任總督佐久間左馬太。（古川ちかし教授提供）

白狗駐在所佐塚愛祐主任娶白狗蕃大頭目泰木・阿拉依的大公主亞娃依・泰木為妻。
（後排右二佐塚愛祐，右三亞娃依・泰木）

下山家與佐塚家第二代聯姻：昭和17年佐塚昌男娶下山靜子。（前排左二亞娃依，左四佐塚昌男，左五下山靜子，左七貝克，左八下山一）

第三話
日本爸爸與泰雅媽媽

爸爸帶著既高興又感傷的語調說：「阿一，你不是我們親生的孩子，馬烈巴駐在所下山治平主任才是你親生的爸爸。」手指著八字鬍男說。又手指紋面女，「貝克・道雷夫人才是你親生的媽媽。」

記憶之河回溯到我的幼年時代：

我的爸爸是日本巡查，名叫大塘正藏。爸爸媽媽都非常疼愛我，每晚我都要含著媽媽的奶頭才能入眠。我們家還有一隻中型白色長毛狗叫博基、一隻白色的波斯貓，都睡在同一個房間裡。屋後菜園邊，還有爸爸最喜愛的鬥雞，牠們都是我們孩子們的好玩伴。

我最懷念的童伴是，大我三歲被稱大劍客的神之門豐，和大我三個月的二劍客鈴木實，我是小劍客，我們常常模仿父親和一個漢人警丁、一個蕃人警丁叔叔練習日本劍道的模樣，揮舞著木棍，大人都稱我們為「三劍客」。

我們住在台灣中央山脈接近合歡山峰的馬利可彎分遣所內，這裡的海拔約二千三百公尺，整個分遣所內就只有三家九口人和兩位警丁叔叔，總共十一人住在這裡。分遣所內有一間辦公室，四間宿舍，另有幾間堅固的小屋是大人嚴禁我們接近的。分遣所四周都設有砲台。

當時分遣所被鐵絲網圍繞，鼻子若聞到烤肉味，大人就會把我們三個孩子拉去瞧瞧，然後指著焦黑冒煙的動物或蕃人屍體說：「絕對不許碰觸鐵絲網，不然就會像那屍體一樣成為焦黑鬼怪。」

鐵絲網外面到處埋著地雷，有時可看到動物和蕃人踩踏地雷炸得粉身碎骨的慘狀，所以大人嚴禁我們步出鐵絲網外。還有，就是絕對不可玩火。長大後才得知鐵絲網平常天黑就通電，遇非常狀況則日夜都通電。這是為了保護分遣所內的人員和儲備的彈藥武器的措施。但這也造成我膽小怕鬼的性格。

我們三劍客終年累月被隔絕在小小的分遣所的鐵絲網內，還好我們很能自得其樂地模仿大人舞劍、摔角、比腕力，還有逗逗貓、狗、鬥雞來取樂。

分遣所內有數台望遠鏡，我們三劍客常拿著望遠鏡四處瞧瞧，從分遣所高台順時鐘方向眺望，馬利可彎向馬烈巴方向的隘勇線、馬烈巴駐在所、賓士不甘溪對岸的帖比倫社、大峽谷、馬卡納集分遣所，其下的馬卡納集社，還有我們腳下的木卡富富社和木卡塔塔社的景物，都像近在眼前一樣。馬利可彎是賓士不甘溪的源頭，潺潺的水流，蜿蜒流下馬卡納集和帖比倫方向而去。右端的隘勇線是往沙拉冒（梨山）的方向。

望遠鏡裡，我們常常看到各種珍貴稀奇的飛禽走獸在眼前表演，我喜歡花鹿爸媽帶著花鹿寶寶到溪畔喝水的鏡頭。阿實最愛找尋攀爬在峻嶺間排便的山羊群。不知為何只有神之門豐常說看到台灣熊？總之，除了這些以外，觀賞山谷間幻化無窮的白雲，也讓我們不知寂寞的滋味。

可惜好景不長，大劍客的爸爸調職，他們全家下山搬到豐原了。剩下和我同齡的二劍客。不久鈴木實因為疑似感染禽流感過世，分遣所內的孩童僅剩孤零零的我。

當阿實被裝進小棺木時，我以為他只是睡在那裡。警丁叔叔用釘子釘棺木時，我發瘋似的以身擋著，大聲哭鬧：「不可以！不可以！叔叔不可以把阿實睡的木床釘起來，這樣他要怎樣爬出來呀！」爸爸把我抱起來，媽媽說：「阿實已經死了，人死後身體會腐爛發惡臭，一定要釘在棺木裡，埋進泥土中。」

兩位警丁叔叔抬著阿實的棺木，挖土將棺木放進深坑裡，當覆上泥土時我又氣又傷心，用雙手刨開泥土大哭：「不可以把阿實埋進泥土裡。」爸爸媽媽又把我抱走。等立好墓碑大家要回分遣所時，我緊緊抱著墓碑不肯走，他們一個個告訴我：「人死了變成鬼怪，你若不走，天黑了鬼怪就會把你抓走，被鬼抓走的人就會死，然後像阿實一樣埋進泥土裡。」我非常頑固的只想把阿實從泥土裡救出來，最後連爸爸媽媽也氣得丟下：「你不要再抱著墓碑哭，快點回家，要不然天黑了鬼怪真的會來抓你哦！」就先回家了。

天漸漸黑暗，我心急如焚哭喊著，一會兒用雙手，一會兒用樹枝，一會兒用石塊刨泥土：「阿實快點出來，天已黑了，我們再不回家鬼怪就會出來呀！」突然，泥土裡冒出白煙化成鬼，頭像臉盆一樣大，額頭只有一個發出陰森森青光的大眼睛，張著血盆大口，口中吐出的舌頭似蛇般的扭動，似章魚的腳約有百隻，飄浮於空中，我嚇得大聲哭喊：「鬼！鬼！爸爸救命！媽媽救命！」我跑得快，鬼也飄得快，我停下來鬼也原位飄浮，我哭著跑回家，鬼也緊跟隨我到玄關。「鬼！鬼！爸爸媽媽救救我！」爸爸手執日本劍驚慌地問：「鬼在哪裡？鬼在哪裡？」我手指向鬼：「那裡！那裡！」爸爸朝著我手指的方向，不停的猛砍。好像鬼也會怕爸爸揮舞的劍，終於飄走了。

從此我鬱鬱寡歡，白天還可以和博基、咪咪、鬥雞相處，半夜都怪叫亂踢打：「鬼！鬼！爸爸媽媽救我！」接著整日發高燒，囈語不斷，偶爾全身顫抖抽搐，爸爸媽媽懷疑我被阿實傳染了禽流感，請公醫來診治，他說：「是感冒加上驚嚇過度造成的。」針藥無效，我陷入了昏迷狀態。

當我睜開朦朧的雙眼，不知自己置身何處，身邊圍繞很多陌生但關愛的眼睛，唯獨不見爸爸、媽媽。突然間我看到阿實，於是就高興的坐起來：「阿實，太好了，你終於回來了。」仔細端詳那張憨笑的臉，不對！他的年紀比阿實小，眼睛又比阿實的大。而那個額頭有刺青，以十分慈愛的手愛撫著我的婦人是誰？那個留著八字鬍，手抱圓臉圓眼美麗小女孩的男人又是誰？

我不禁大聲叫：「你們是誰？這裡是哪裡？我的爸爸、媽媽在哪裡？爸爸、媽媽救我呀！」

爸爸和媽媽笑容可掬地出現，我立刻躲進媽媽懷裡。

爸爸帶著既高興又感傷的語調說：「阿一，你不是我們親生的孩子，馬烈巴駐在所下山治平主任才是你親生的爸爸。」一手指著八字鬍男說。又手指紋面女，「貝克・道雷夫人才是你親生的媽媽。這位叫阿宏，是你的弟弟，那位叫敏子，是你的妹妹。」

從此我就留在馬烈巴駐在所的警察宿舍，有嚴父慈母的守護，弟弟、妹妹相伴，應該不會再感到孤寂了吧！

大塘義父只要是到駐在所接洽公務，或義母輪到做「囑託」來教導蕃青生活技藝時，一定都會來看望我，讓我覺得有兩個爸爸、兩個媽媽來關心，幸福溫馨比他人多一倍。

後來，我不管移居何處，大塘義父母也一直似親父母般的關心我，直到日本戰敗，他們被遣送回國。每次見面，義母最愛說害我臉紅的陳年往事：「你是我們永遠的孩子，因為你是個不含著我的奶頭就睡不著的孩子哦！」

我自幼一直不太親近父親，那該是「被父拋棄情結」所致。外婆曾告訴我：「你姊姊出生半年病死了，你出生是個獨子，為何那個「西目疫」那麼狠心，你一離乳就硬送給人家當養子？

你知道嗎？那個西目疫把你送給大塘後，你媽媽貝克傷心地深夜跑到鬧鬼最凶的可烏卡恩上吊自殺。那時正好你膽子大的小舅舅瓦歷史・道雷，深夜一個人跑到沒人敢去的鬼域打獵，看到昔時懸掛人頭的大櫸木上吊掛一個人，起先他以為見到鬼嚇得跑離，但後來他又回頭大膽地爬上去用蕃刀砍斷繩索。是巫毒浮保佑，你媽媽才得救了。」

對了！為何馬烈巴的人都稱我父親為「西目疫」？問來問去有兩個答案：一、「下山」的日語蕃人發音不準就成了西目疫。二、西目疫是指凶殘霸道的人。日警接管蕃地之初，都以凶殘的暴政對待蕃民，因此日警被稱為西目疫。泰雅駙馬下山治平很奇特，對待犯人手段嚴苛，對待善良的人，卻親切如兄弟姊妹，常常犒賞有功、有喜慶的蕃民物資。聽到背後被指罵為西目疫，他明知被罵，卻笑著接納此綽號，從此西目疫成為馬烈巴人對父親的稱呼語了。

回到親生父母身邊後，晚餐前入浴是我最期待的時刻。父親每次都先剝光我衣服，用肥皂把我洗淨，裝入大木浴桶內，然後接著是阿宏、敏子，當父親洗淨進入浴桶內時，母親開始拿著大浴巾，嘴裡直唸：「拔蘿蔔！」我們三根大蘿蔔彼此謙讓：「先拔他！先拔他！」誰都想多浸泡在熱呼呼的澡桶的情景，最是溫馨難忘。

我們最愛在澡桶內撫摸父親身上當日警的兩塊光榮標誌探問，父親也會不厭其煩地訴說這兩塊大疤痕的由來：脖子右端害他差點成無頭屍的疤痕，是參加可烏卡恩戰役的勳章，肚臍以下像一條大蜈蚣的勳章是……。

父親把我送給大塘義父的那個秋天，父母親帶著青少年教育所的學員到可汗溪兩側試種板栗的樹苗。工作累了兩人在小溪畔休憩片刻閒聊，父親提到可烏卡恩之役重傷，被擔架抬往霧社醫務所後，常似真似幻夢見仙女掬水給他喝之事，而母親也憶起曾在此地掬水給重傷日警喝水之事，一查對時間，他倆不禁深深感嘆，原來兩人的姻緣早由天註定了。從此發自內心地彼此珍惜，真情日濃。

有一天，母親將偵查所得情報告知父親：「馬赫尼一再宣揚巫毒浮的聖旨，說頭目家族的魂魄都被巫術高超的日本馬赫尼壓制，若想殺光日本人收復失土，惟有更換領導一途，據說族人已開始偷偷收購槍枝藏匿備用。」

父親聽到這消息著急萬分，此情報若屬實，同僚與其家眷們的生命堪慮；蕃情平穩多時了，若再引發抗日事件，理蕃成效不彰，身為主管的自己，將愧對同僚、天皇、國家。

他火速召集駐在所、監督所、分遣所人員共同研商應對政策。

首先傳喚全馬烈巴蕃六社壯丁，都集合到運動場接受調查，個別審問，態度友善似乎無嫌疑者，當場釋放。態度惡劣似有仇日情結者，留置監牢等候再審。然後全力搜索缺席者和被關者之家、倉庫，找尋藏匿的槍枝。

當時有人見到警察就往奇萊山方向逃竄，被擊斃三人，有一人逃入深山找尋不著。這三具屍體，由留置監牢的蕃丁抬往曝屍場（見晴農場），懸屍於馬烈巴蕃和白狗蕃人來往霧社必經之路邊，好讓凶蕃明白，藏匿槍枝企圖叛亂者的下場。

二十三歲的達滾原本精神狀況就不太穩定，看到恐怖的懸屍後，躁鬱症的狀況就更嚴重了。有一天，駐在所、監督所、分遣所的人員合力在審問留置者，其家中成人也都被集合於駐在所前。戒備森嚴中，酷刑逼供留置者有無藏匿槍枝？藏在何處？調查逃往奇萊山者名單與槍枝數。這些被審者個個被打得鼻青臉腫，鮮血直流。

站在駐在所前等候被審的達滾，突然從裝菸草的山貓袋裡取出富利（小蕃刀）衝進所內。青山巡查眼尖驚叫：「小心！達滾有刀。」大家慌亂騷動，以為達滾進去刺殺日警，怎料達滾在眾目睽睽下，割喉自盡倒下，所內的留置蕃駭然大叫：「達滾死了！」

所外的留置蕃家人也亂成一團，這時達滾的父親揮舞蕃刀，不問青紅皂白，猛向我父親的腹部砍下去，父親立刻倒臥血泊，達滾的父親當場被擊斃。

這件隱匿槍枝案件的結論，有六位擁槍逃亡奇萊山，五枝槍被沒收，槍枝主人被關進牢房。父親即刻再度以擔架送往霧社醫務所住院治療。後來因傷勢太嚴重，部分腸子已壞死，轉送埔里開刀，將壞死的腸子割除，治療約兩個月才完全康復。

當我長大回日本探親時，父親曾敘述此段往事：

「當時接受政略婚姻三年期已過，為國為理蕃，必須虛情假意討好蕃邦公主的日子終於可以結束，應該是回國與初戀情人結合的時候了。

然而住院兩個月期間，我數度從死亡的幽谷走回人間，衣不解帶地照護我的是貝克・道雷。脖子被砍的可烏卡恩戰役，在可汗溪畔以芋葉掬水解我死渴的人也是貝克・道雷，顯然我和你媽媽的緣分是上天早就安排好了的，出院前我決定認命，要和她長相廝守。

因此我寫一封信給你爺爺下山為吉，雖然他不願接納你母親為媳婦，但是我已決定和貝克・道雷成為真正的夫妻了。

另一封寫給和我情路坎坷的初戀情人勝又仲子。我父親明知我和仲子感情甚篤私訂終身，卻在我高中一畢業時，為了幫助米店的事業，逼我和老家大佃農之女結婚，婚後數日，我以回三島市幫助父親從商的名義，將她留置在修善寺我生母的身邊，不久就當兵到台灣，我一直請父母親將她休了，送她回娘家，希望她已改嫁過幸福的日子。

人非草木豈能無情無義？住院兩個月期間，每次從昏迷中醒轉，都看到貝克對我無微不至的細心照料，甚至疲憊倒臥在我身邊。幾經靜思，心中的那盞光明燈亮了，驅走心中的陰暗，我的人生觀大大的改變，決定要光明正大的順命而為，真正接納貝克．道雷為妻。因此誠懇的修書給一直受命運之神玩弄的初戀情人，請仲子把我遺忘，早日另覓更適合她、更好的男人下嫁。

出院以後，更專程到埔里的松山照相館，請陳先生為我與貝克合攝一張真正的結婚照當紀念。

馬烈巴的養蠶班，一直由你的母親當負責人，她每天帶著青少年教育所的學員，採桑葉、清蠶糞，等蠶結繭後，將蠶繭交由蓄產交易所寄賣給日本的絲織品工廠。織成綢緞絲帕和蠶絲被。所賺的錢貼補蓄童、青少年教育所用。我復原回馬烈巴駐在所時，要送給貝克一份愛的禮物，這個郵購自日本絲製品工廠的愛的蠶絲被，早已在恭賀我們返回馬烈巴了。」

父母親躲在愛的蠶絲被中纏綿，孕育了四個愛的蠶寶寶：大正五（一九一六）年生了弟弟阿宏、七年生了敏子、十年生了阿昇、十二年生了靜子。加上亡故的春子姊和我，下山家族在馬烈巴生下三男三女共六個子女。

大難不死的父親變得更開朗樂觀，凡事看得更遠，更能寬容相待。他深深認定命由天註定，埋怨反抗無益，但是運該由自己操控。

當他遇到困難挫折時，經常靜坐閉目沉思，尋求對策。良心常告訴父親：「人類何其渺小，只不過是到人生舞台轉一圈罷了。不必計較金錢、地位，只該問自己能為家人、部屬、馬烈巴社、國家做些什麼？不先付出，哪來成果。」

父親更加勤政愛民，對馬烈巴社民多獎賞少懲罰，得到「生蕃下山」封號的父親，不但深受上級賞識，更獲得同僚與社民的尊敬和愛戴。

馬利可彎海拔約2300公尺，晴空萬里時視野極佳，馬烈巴、帖比倫、馬卡納集、木卡塔塔、木卡富富、賓士不甘溪、帖比倫溪盡收眼底。時常雲煙瀰漫宛若天堂。

治平送愛的蠶絲被給貝克，大正5年次子下山宏、7年次女敏子相繼出生。大正9年初重病危急的下山一被送返給親生父母。（前排中貝克抱著下山宏，後排最右下山治平）

大正3年太魯閣戰役霧社分室警察和味方蕃大隊長是下山治平，大腹便便的貝克以蕃婆裝扮當前鋒刺探兼翻譯。6月底太魯閣蕃投降，貝克回馬烈巴不久生下長男下山一，但才離乳便送給馬利可彎的大塘正藏撫養。（後排左起貝克抱下山一、大塘正藏、下山治平、大塘夫人）

馬利可彎分遣所內僅有三個孩子，被稱為「三劍客」。大劍客神之門豐隨父調走，二劍客鈴木實病死，孤寂傷心的小劍客大塘義子下山一從此鬱鬱寡歡。當他到埔里高等科讀書，看到其弟宏的同學吉岡武雄酷似鈴木實，從此特別喜愛吉岡。（左起吉岡武雄、下山一、神之門豐）

大塘正藏夫妻收養下山一後一直視如己出。當下山治平返回日本，更將其兒女都當成自己的孩子，無論讀書、當兵、就業、結婚……樣樣當己務，重情重義令人敬愛。

下山治平與貝克．道雷婚後三年，終於察覺兩人情緣深重，
決定真正接納貝克為妻，於埔里的松山照相館補拍了這張婚照。貝克額頭上的紋飾被相館修掉了。

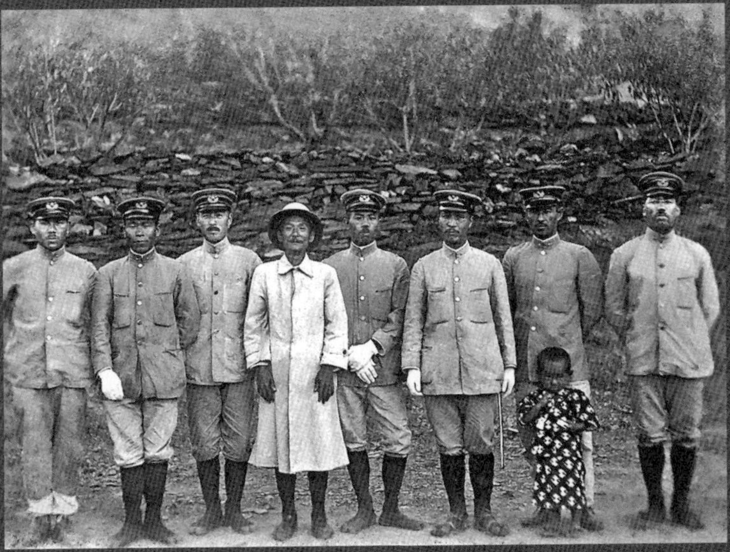

蕃區駐在所內都有醫療室，公醫巡迴醫療，護士起先請警察夫人協助，後來則培育優秀蕃女青年當看護。（左四片桐公醫到木卡富富行醫）

馬烈巴的馬利可彎分遣所，治安穩定後成為木卡富富駐在所，台灣光復後改稱翠巒派出所。

第四話
台灣最後的人頭祭

舉行台灣最後的人頭祭時，母親帶領我們去觀看。地點是在霧社分室前的廣場。時間是大正九年十一月二十日。人頭祭開幕，隨著歡呼、高歌聲，凱旋隊從霧社分室排成一行整齊的隊伍走出來……

深入高山服務的日本警察和家眷，欲將原本過著原始生活的蕃民，以恩威並重、嚴懲懷柔並施的政策，急速打破他們傳統的風俗習慣，教化成文明人的措施，經常讓他們產生不受尊重，被欺壓、被蔑視的感覺，因此抗日事件，紛擾不斷。費盡精神，積極致力於理蕃工作的警察和其家眷們，必須深切體悟，這是一條奉獻己身，但是不知是否有明日的不歸路。

大正九（一九二〇）年九月十八日凌晨，沙拉冒蕃（今台中市和平區）所屬的沙拉冒分遣所（梨山），遭受凶蕃六十多名包圍襲擊。守屋巡查夫妻、菊池巡查夫妻和他們的兒子、小島勝五郎巡查等六名，被凶蕃馘首而去，屍體完整的只有本島人（漢人）警丁黃其武。此事件中最駭人聽聞的是，有位警察太太身懷六甲，居然被凶蕃以蕃刀剖腹，可憐未出世的胎兒，頭顱也被砍走。

在沙拉冒凶蕃摸黑殺人之際，有位漢人巡查和兩位警丁，機警的逃到馬烈巴的馬利可彎分遣所求救。父親接獲電話，立刻將此惡耗向霧社支廳長長崎重次郎報告，廳長命令他立刻率數位巡查、警丁、蕃丁去救援。我父親以託孤的心情，再度把我交託給大塘義父，阿宏則寄託外祖父母。

母親揹著敏子和父親做先鋒，率領巡查、警丁以及大舅亞富・道雷等三十多名蕃丁，火速趕向沙拉冒蕃社。救援隊半途又接獲消息，沙拉冒凶蕃疑似去襲擊椚岡駐在所。父親立刻命令救援隊先趕向椚岡駐在所。

當天上午約十一點時，沙拉冒蕃凱牙依社小頭目，突然隻身走進椚岡駐在所，說有密報，必須要和長久保主任單獨面報。主任支開部屬面談，兩人起衝突，爭執聲喧天價響之際，凶蕃靜悄悄的湧進駐在所內，見人就砍，所內人員尚未意會究竟發生何事？長久保主任、武藤巡查、本島人警丁三人已被馘首了。

父親一行人看到、聽到椚岡駐在所似乎確有異狀，先以山砲、槍聲恫嚇。沙拉冒凶蕃立刻作鳥獸散，其餘受傷的巡查、警丁、家眷的生命才獲救。這個沙拉冒凶蕃襲擊椚岡駐在所的事件，被稱為「沙拉冒騷擾事件」。

總之，沙拉冒分遣所七屍八命、椚岡駐在所五死十傷，這兩件事在台灣的理蕃史上，統稱為「沙拉冒事件」。

完成殖民地完全統治六年，倘若對蕃人繼續採取懷柔政策，那麼日本警察和家眷的生命安全，何時才有保障？因此總督府決定從沙拉冒事件開始改弦更張，不再施行懷柔政策，從此以後不管日本人、本島人、蕃人在法律面前一律平等，違規犯法不再寬容。

民政部所屬警察本署各單位：警務課、保安課、衛生課、理蕃課全部動員加入調查沙拉冒凶蕃起事原因與肇事者名單的行列。

揹著敏子的母親和嫁給下松巡查的西卡瑤社大公主利德克・諾命也協助做鄉野調查。她倆得到的情資：沙拉冒地區最近病死者眾多，連公醫也束手無策。

馬赫尼宣告巫毒浮的旨意：因為日本警察蔑視、欺壓我們泰雅族人，巫毒浮降下死災警告大家。惟有族民團結起來，殺光日本人，以日本人的頭顱祭祀巫毒浮，才能消除災厄，否則，激怒巫毒浮可能殃及全沙拉冒蕃社。

衛生課的醫護人員解剖屍體化驗、收集重症者的尿液、血液檢驗後，宣布致死原因：「禽流感」。造成沙拉冒蕃人死亡的就是大正八年開始於台灣猖獗流行的禽流感。

禽流感的傳染媒是鳥類，於是沙拉冒蕃社的家禽全部遭到撲殺燒毀，雞舍、住家加強消毒；廣為宣導暫時絕對不獵食鳥類的政令；疑似禽流感患者，施以藥物治療。疫情總算沒有蔓延了。

母親和利德克・諾命繼續協助警方，暗中調查沙拉冒蕃丁有參與殺人事件的名單，這些凶蕃，少部分被逮捕歸案，但是大部分早都藏匿到天險保障的中央山脈雲際不知處了。

蕃人深具野外求生的本領，個個都是叢林野戰高手，文明人絕非其對手，惟有以夷制夷，善於利用味方蕃丁，才能制服惡山惡蕃。

霧社支廳長長崎重次郎，再度任命我父親為討伐沙拉冒凶蕃奇襲隊先鋒隊長，母親也義不容辭地再度為夫婿揹著敏子共赴戰場。

下山奇襲隊動員了霧社支廳管轄下所有的警察單位，還有味方蕃的蕃丁勇士九八八名，總共一千多人。憑良心講，要捉拿緝捕隱匿深山密林的凶蕃，除了英勇敏捷的蕃丁以外，常人只能望崖興嘆。

這些矯健的蕃丁們，靈活如猴地在叢林荒野間穿梭自如，徒手輕鬆地上下數百至上千公尺的斷崖，能逃過各種常人無法識破的詭譎陷阱。不過味方蕃的戰技，雖與敵蕃旗鼓相當，卻因敵暗我明，困難重重。

驚天動地的叢林浴血戰鬥，從九月二十日到十一月十八日，共戰了十一回合，才將列名凶蕃名冊上的敵蕃全數消滅。

最後一回合戰是出動人數最多的霧社蕃巴蘭社壯丁一百二十四名，由其頭目率領攻進沙拉冒蕃佳陽社的後山拼鬥，最後的二十五顆凶蕃首級，就是在此役中獲取，畫下了沙拉冒事件緝凶之役的句點。

總督府破例特允將這二十五個人頭帶回霧社，準備舉行盛大的祭典「台灣最後的人頭祭」。沙拉冒蕃社的蕃丁們，在沙拉冒分遣所埋石立誓順服。此次的誓言特別增加一項，從此殺人者依法嚴懲，接受殺人者判死刑的律法。

此役中，被日警貼上不良蕃標誌的霧社蕃馬赫坡社頭目莫那・魯道，被宿敵白狗蕃丁藉機殺成重傷。因此原來希望莫那・魯道將功贖罪，卻反而加深了莫那對白狗蕃和日本人的仇恨和敵意。這將成為日後霧社事件的遠因之一。

發生沙拉冒事件後不久，台灣地方官制於大正九年十月一日起全面改制。管轄蕃地的「支廳」改成「分室」，也就是說，「霧社支廳」從此改成「霧社分室」了。

沙拉冒蕃西卡瑤社頭目諾命・瓦旦長女利德克・諾命，嫁給日警下松仙次郎後，經過完成統治的太魯閣討伐之役，還有緝捕沙拉冒事件凶蕃之後，族人深信馬赫尼之言，諾命頭目家族的靈魂，已被巫術高超的日本馬赫尼所制服，故都聽命於日方，不再具備領導泰雅族民的能力。

然後在馬赫尼祭師主導下，新的頭目改由貝林・比泰來擔任。失去權勢的諾命・瓦旦，正好其女婿改調台中州能高郡霧社蕃的眉原駐在所（仁愛鄉新生村），失意的他，便依依不捨的離開故鄉，隨著大女兒全家遷移到眉原社了。

舉行台灣最後的人頭祭時，母親帶領我們去觀看。地點是在霧社分室前的廣場。時間是大正九年十一月二十日。

人頭祭開幕，隨著歡呼、高歌聲，凱旋隊從霧社分室排成一行整齊的隊伍走出來，凱旋隊伍依次為：霧社分室長崎重次郎主任、巴蘭社頭目、第三個是我的父親奇襲隊長下山治平，接著信夫巡查、平田巡查，後面跟著緝捕沙拉冒凶蕃的蕃丁代表，間隔數位高舉吊掛二十五個人頭的竹竿，浩浩蕩蕩的環繞霧社街頭一周。

遊行隊伍回霧社分室廣場後，人頭交給蕃婦提著，每十多個婦女圍成一個圈圈，一邊高唱即興編成的歌一邊跳舞，時而高亢、時而哀怨的歌詞內容，大多數是歌頌讚美愛戀凱旋歸來的勇士之意。

跳完舞後，將人頭置放到祭台上，再由蕃婦們將肉、魚、酒等塞進其嘴中。接著馬赫尼大祭師咒術語開始作法。祭師一方面祈求巫毒浮保佑國泰民安、風調雨順，一方面祈求巫毒浮保佑人頭遺族，變得更聰明健壯平安過日子，最後祈求巫毒浮不再讓泰雅族民互相出草砍人頭，使大家能平平安安的過生活。

祭祀完畢後，由霧社分室長崎主任宣布，今天的祭典是「台灣最後的人頭祭」，從此以後不分日本、本島、蕃人，在法律的保障之下，不得違法犯規，殺人者徹查處死，所以絕不可再出草殺人了。

參加台灣最後的人頭祭所有的人員，開始拿起碗筷、竹杯，盡興的喝酒，配魚、肉、湯，各社的社員也開始以歌舞為大家助興，通宵達旦地歡慶凱旋。

蕃婦手提人頭十多人圍一圈，唱歌跳舞後擺放於祭台，由巫師向巫毒浮獻祭，然後埋石立誓降服。此時起日本政府決定不再以「懷柔政策」理蕃，要全體蕃民立誓「此後法律前人人平等，接受殺人者死的法律」。

大正9年9月發生沙拉冒抗日事件，下山治平奉命擔任霧社支廳警察、味方蕃的奇襲隊隊長，貝克以蕃婦模樣揹著敏子做前鋒幫著打探情報。（右後三日警中間是下山治平）

大正9年11月沙拉冒第十一次（最後）討伐之役，巴蘭壯丁於佳陽後山剿滅凶蕃，當天獲取的25個人頭帶回霧社分室拍照紀念，並獲准舉行台灣最後的人頭祭。（前排警察右五下山治平，右七長崎重次郎）

人頭祭由長崎重次郎分室長、巴蘭社大頭目、下山治平討伐隊長率領，竹竿懸掛25個人頭的凱旋隊伍遊行霧社街頭，回到分室廣場將人頭交給蕃婦。

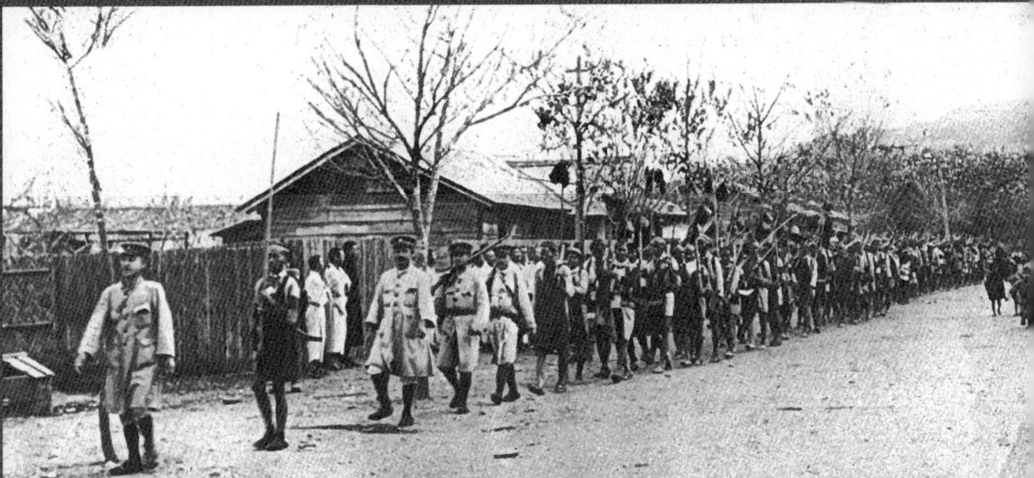

第五話 雪虐風饕的恐怖惡夜

一個西北風狂吹，大雪紛飛的惡夜，母親驚慌地把我們從睡夢中叫醒，要我們都鑽進父母愛的蠶絲被裡。母親顫抖著說：「別怕！別怕！別出聲，要死，媽媽會陪著你們一起死。」我突然全醒，問：「媽！到底發生什麼事？」

敏子是父親的跟屁蟲，是他的影子，父親走到那兒她就跟到那兒。父親在辦公她也爬上去讓他抱。我和阿宏親近父親，她就不高興的嘟起小嘴生氣，還送大白眼給我們，好像父親是她一個人的一樣。

駐在所、監督所的這座小山崗，就只有我們三個是小孩子。母親特別疼愛我這個失而復得的長子，因此阿宏對我很嫉恨，常常有意無意地偷偷欺侮我，我十分渴望玩伴，打從心底深愛弟弟，從來不曾出手反擊。

有一天，我倆在駐在所附近的運動場斜坡，玩父親木製的三輪車。輪到我坐著滑下坡，弟弟使勁地推我一把，三輪車飛落石堆上，我全身又痲又痛昏過去。醒過來時發現自己躺在醫療所內，由公醫診治，母親和警丁叔叔看到我清醒，就比較放心些，公醫要母親揹我回去靜臥數日，只要沒有嘔吐和再度昏迷，就應該沒問題。

進家門時，看見弟弟被罰站著聽父親教訓：「阿一是你的親哥哥，你們三個都一樣是爸爸、媽媽親生的，應該要相親相愛相扶持，你偏偏常常欺侮你哥哥，今天若不把你痛打一頓，你可能永遠不會改。」父親從牆上拿下皮鞭。我眼前浮現警察叔叔審問蕃人時，他們被打得皮綻肉開的殘暴畫面，情不自禁地向前抱住弟弟阻擋，那一鞭打得我痛上加痛，但是我沒有哭，倒是阿宏突然抱著我痛哭，從此我才享受到珍貴的兄弟之情。

父親常對母親要求：「請你把孩子養育成日本人，因為遲早你們都得跟我回日本生活，我不希望他們變成沒有教養的野孩子。關於養育日本孩子，有問題我們可以隨時商量，妳也要多多請教分遣所的警察夫人們才好。」

父親也常掛著笑容說：「貝克嫁給我後，在同僚的夫人們細心調教下，不管穿著、髮型、言語舉止幾乎和日本婦人無異了。家事、烹飪、衛生、縫製衣物……等樣樣學得很棒，若非額頭上的紋面，誰能分辨她是日本人或是蕃人呢？」

父親不愧被稱為「生蕃下山」，會說蕃語，常到蕃社和蕃民喝酒聊天、勾肩搭背大聲談笑，狀似親密友人，對他們的生活習俗，瞭若指掌，卻很奇怪，不願身為其子女的我們到蕃社去。

從駐在所眺望馬烈巴各社幾百戶人家，似乎很熱鬧，可是身為日警子弟，父親管教極嚴、禁忌又多，使我們覺得猶如被軟禁在日警居住的小山崗上一樣。幸虧滿臉紋面的外祖母阿利・魯滾似乎享有特權，只有她偶爾大剌剌地進出駐在所，含笑對我父親比手畫腳，然後不顧母親的阻止，大剌剌地帶我們到廣闊、自由自在的世界「蕃社」去玩。外公、舅舅、姨媽們都很疼愛我們，他們認為馬烈巴最美的地方是日本神社，所以都會帶我們到神社玩。

每次從馬烈巴社回駐在所，父親從我們身上散發的異味，就能分辨我們吃了那種蕃人美食。

例如：「基恩可看恩」（以小米、鹽醃製的魚、肉）、烤蚱蜢、烤老鼠、烤小鳥；看看我們的手、臉、衣服，就知道吃了野草莓或野桑葚。他最厲害的是連這草莓、桑葚是採了就吃，還是裝在「富達看」（竹筒）搗成泥醬吃的，都逃不過父親的法眼。

每次被他發覺，他都會生氣的雷吼：「你們是我下山治平的孩子，是日本人，不是蕃人，怎麼可以吃那些東西，下次敢再吃，我一定痛打你們。」還好罵聲雖然大，我們卻沒為此事挨打過。

他又對母親怒斥：「要我說多少遍妳才會懂？將來妳和孩子都要跟我回日本，孩子從小就得好好教導，將來才不會被人蔑視。妳懂了沒有？」母親無奈地聳聳肩苦笑。

母親偶爾會在父親背後偷罵：「『基恩可看恩』有什麼不好？它可是天下第一美食呢！臭？什麼叫臭？你最愛吃的日本納豆，才臭得令我無法入口呢！」

父親只要鼻聞母親散發「基恩可看恩味」時，就會罵母親。他倆恩愛時，母親就會含笑大聲唸：「臭臭臭！泰雅『基恩可看恩』臭！日本納豆臭！泰雅、日本都有臭，臭和臭，是兄弟，何必嘲笑誰比較臭。」

總之，我們三個被馬烈巴的人叫成「紅頭的孩子」、「日本人的孩子」的山居歲月，雖然不似分遣所明顯地被地雷、大砲、鐵絲網所隔絕，但真可以說是孤獨寂寞極了。

當然，孤寂的幼年生活也有甜蜜難忘的回憶。那就是每天黃昏時，父親允許我們跟著警丁下到運動場的盡頭去餵牛羊吃鹽巴。叔叔手提鹽桶，站在運動場往隘勇線的入口，向可汗溪方向大聲呼喊：「咩咩！牟！咩咩！牟！來吃鹽！」奇怪的事情就發生了。

隘勇線前方不到一百公尺的下面，是日本人墓地，再往前半公里上方，是蕃人公墓，再約半公里便是可汗溪了。只見牛羊從路的上下方一隻隻步入隘勇線，然後有順序地，羊走前頭，牛隨羊後，走回運動場。我們協助警丁叔叔把羊、牛關進房後，雙手抓鹽巴開始餵食。羊兒的吃相斯文，還伴著溫柔的咩咩聲謝謝我們。牛就比較頑皮，伸出又長又大的舌頭，不是只舔手掌，我們裸露的手臂和臉都被舔得奇癢無比，逗得我和阿宏放聲大笑，叔叔也跟著傻笑。

牛羊房是靠著斷崖搭建的，其上頭約二十公尺的高台上，是武德殿，黃昏時，正由巡查教導蕃青相撲、劍道等。他們和在運動場上活動的蕃人，都喜歡湊近來觀看牛羊歸舍。有些人說：「這些牛羊也很聰明，我們模仿警丁向著可汗溪呼叫牠們，牛羊根本對我們不理不睬。」

原來牛羊真的也有智慧，能分辨餵食者的聲音。但是叔叔告訴我們：「要取得牛羊的信賴，首重誠信。你若欺騙牠們，光叫不給食物，幾次以後牠們就不理你了。」

霧社分室主任可能是當時想擁有權勢地位男人的夢想吧！霧社分室主任管轄的範圍和現在的仁愛鄉長一樣大（駐在所主任等於村長），並且集行政、軍警、司法一切權力於手中。理蕃成績特優、屢建奇功的父親受到上級賞識，要到台中接受兩個月的特訓，將栽培成未來霧社分室主任的接班人。

父親神采飛揚意氣高昂，踏著輕快的步伐前往台中。怎料到這段期間，我們下山家和馬烈巴社發生種種不可思議、極端恐怖的事情。

馬赫尼常背著外公宣揚：「我們的道雷・亞猶茲去日本觀光時，其靈魂被日本高超的巫術控制住。巫毒浮很生氣，說他已經沒有用了，失去領導族人的能力，反日重振馬烈巴神威的責任，今後巫毒浮指定該由我來扛。」

自從日本人占領馬烈巴後，外祖父深有挫折感，凡事不順遂，連最疼愛的長女貝克都輸給日警下山。尤其到日本觀光回來後，深知再抗日反叛，只會更殘害族人的性命安全。因此沉默頹喪，鬱鬱寡歡。深深愧疚於馬烈巴是在其手中敗送給日本人，將來回歸巫毒汗（天國）有何顏面可面對先祖。

我父親到台中接受特訓數日，四十七歲的外公突然據說既沒生病，也沒意外便無疾而終。臨終，將頭目之位交給長子亞富・道雷接任。亞富頭目想到其父向來體健如牛，憤怒起來可在雪虐風饕中，裸體揮舞蕃刀指揮作戰，他認定其父之死，是遭馬赫尼施放巫術，立誓一定要報父仇。

一個西北風狂吹，大雪紛飛的惡夜，母親驚慌地把我們從睡夢中叫醒，要我們都鑽進父母愛的蠶絲被裡。母親顫抖著說：「別怕！別怕！別出聲，要死，媽媽會陪著你們一起死。」我突然全醒，問：「媽！到底發生什麼事？」

性格神似家父、講話豪爽自誇、很會吹牛的阿宏，知道大難臨頭，只會顫抖飲泣。倒是平常被阿宏嘲笑懦弱無能的我，自覺是長男，父親不在時，得勇敢鎮定設法守護母親和弟妹。經片刻慎思，我掙脫母親的擁抱，鑽出被窩。

疾風拍門聲中，夾雜著有人猛砍我家的大門，還聽到來人刻意壓低聲音詭祕地說：「貝克……貝克……。」我很害怕，猜疑是敵蕃來殺我們，這時對父親產生些許怨意，每次要求學說泰雅語，他都一口回絕：「蕃人之語不必學，將來你們都要回日本不用學蕃語。」若非他反對，敵蕃砍門所說的話，我不就全明白嗎？多學各種語言，不是只有益處沒有害處嗎？

我驚駭地打開通往駐在所辦公室的內門，使出吃奶的力量狂喊：「救命！救命！」大塘義父很快拿著槍現身：「什麼事？」「蕃人好像在砍我家大門，好像要進來殺我們。」

義父進到我家時，一個蕃人剛跨進玄關，另一個單腳已跨進來，「碰！碰！」的槍響聲中，兩個蕃人噴灑鮮血倒臥於我家。這時青木叔叔亦荷槍趕來，兩人向木門亂槍發射。

一條通道之隔的監督所聽到槍聲，適時發出「砰！砰！」的山砲巨響，凶蕃即刻逃竄入暗夜。

日方守備做得真不錯，不久，馬利可彎和馬卡納集分遣所也對空發出隆隆的巨砲聲，響徹陰晦寒霾的惡夜，像似戰事又起，嚇醒睡夢中的人們，不知發生了何事？

母親將驚魂未定的我們交託給大塘義父，倉促的隱身暗夜，急忙摸黑奔回其娘家。

新任頭目不久的亞富大舅舅，手撫蕃刀站在門外探查這詭異之夜出了何事？只見我母親氣急敗壞地出現：「亞富不得了了，剛才馬赫尼部落的人殺到駐在所，砍破我家大門說『吊人頭櫸木久空置，觸怒巫毒浮，必須用妳的三個雜種孩子，和住在馬烈巴日本人的頭顱獻祭，否則巫毒浮將降下大災難，滅我馬烈巴全族民。』亞富你說我該怎麼辦？」

亞富聽到此言，眼露猙獰，對空豪邁的大笑：「哈哈哈！這是巫毒浮賜給我的良機。可恨的馬赫尼，今天我就要為我的父親和孩子們報仇雪恨了。」

亞富・道雷娶西卡瑤社頭目貝林・比泰的長女猶庫茲・貝林以後，兒女一個接著一個出生，但是也一個接著一個死亡，他早就猜疑兒女之死是馬赫尼施巫術害死的，早就想要殺滅馬赫尼家族，以洩心中之恨。大舅媽前後共生十四個兒女，惟有年齡最接近我的表妹阿金・亞富存活。

母親大聲勸阻：「不可以，亞富。你不可以去殺馬赫尼。現在紅頭的新制『殺人者死』，你殺了馬赫尼就會被判死刑。」大舅舅根本聽不進其姊的勸言。

原來當我父親遠赴台中，我外公過世後，大舅舅就開始在籌劃為其父與子報仇。大舅深知對馬烈巴族人，除近親和親信，此計謀絕不可洩漏。一來一般族人會不忍心殺害同蕃社的同胞；再說萬一事機敗露，恐怕未能殺光馬赫尼家族，反而先遭其以巫術害死。因此他找岳父西卡瑤社頭目貝林・比泰協助，貝林帶其魁梧的親信五人，早就潛伏在大舅家，等待時機成熟。

被復仇怒火衝昏頭的大舅舅，視其姊如無物，對著屋內大喊：「各位！時機已到，按計畫行事。」說畢，貝林和五位西卡瑤社的彪形大漢，身配蕃刀、弓箭，手執刺槍，衝進雪虐風饕的惡夜。

外婆著急追問：「貝克，妳們在搞什麼？今夜發生什麼事啊？」誰知今夜發生了什麼怪事？母親懷疑其弟是否故意聲東擊西，早就和馬赫尼、西卡瑤壯丁合謀將她支開，好去傷害可憐的孩子們。偏偏這些壯丁個個隱身紛飛的大雪中，想追問去處，西北風阻擋著母親。

心急如焚的母親，排除風雪趕回駐在所，看到我們三個孩子安然無恙，才放下心，把我們緊緊擁進其懷抱，大聲喜極而泣。

這個神祕莫測、驚恐連連的惡夜，究竟發生什麼事呀？次日，母親再度回到娘家探問，答案揭曉了。

原來馬赫尼來殺我們，和亞富舅舅一行人去殺馬赫尼家族，這是完全不相干的兩件事。只是無巧不成書，雙方同時挑選我父親不在，雪虐風饕的恐怖惡夜行事罷了。

話說，一群馬赫尼部落的蕃丁功敗垂成的自馬烈巴駐在所逃回呸魯曼社（馬赫尼家族所居之部落）都入睡後，誰也沒有料想到惡運緊接著降臨……。

亞富頭目等十四個矯健的蕃丁，按照計畫，悄悄的布置好殺陣，十一個凶蕃，每人負責殺掉一戶人家，逃出家門者，由留守戶外的兩人負責殺掉。當時唯有一個十六歲的機伶少女逃出呸魯曼社，但是不久也在一塊旱田中被砍頭。馬赫尼全族一夜間被殺掉三十多人，僥倖逃過殺劫的只有一對新婚夫妻，夫陪妻回沙拉冒娘家才得以生存。還有一個破例沒有被殺的人，就是酷卡恩・亞猶茲。他是外公的親弟弟，長得高大面貌俊秀，是少女夢中的白馬王子，多少女性表態愛慕他、願嫁他，他偏偏自願入贅到馬赫尼家。血濃於水，亞富頭目再凶狠也無法下手殺害親叔叔，所以酷卡恩爺爺才能逃過死劫。

馬烈巴失去祭師和神醫了，頭目家族商量的結果，派我的大姨媽猶凱依・道雷到西卡瑤去拜師，言明只學習赫目富庫的神醫技術和祭師的禮儀來救助族人，絕對不學害人的邪術。

大塘義父代理我父親當主任之職，對於馬赫尼來殺我們之夜，亞富舅舅等殺光馬赫尼家族之事，所有的警察叔叔只覺相當棘手，束手無策，決定等我父親回來再處理。

母親慶幸兒女無恙之餘，擔心馬烈巴、西卡瑤的十四位至親的下場。想到新政令「殺人者死」，等待丈夫回來的母親，整日坐立不安，心急如焚，食不知味，失眠之夜，常長吁短嘆。

義父建議我媽媽：「阿一、阿宏、敏子這三個孩子暫時帶到馬利可彎分遣所，讓我太太照料，那裡有大砲、地雷、鐵絲網守護，才能確保孩子的安全。」

母親堅持：「我自信還有能力守護自己的孩子。萬一真的不幸孩子被殺，我會自殺陪他們到巫毒汗去。」

自從馬赫尼來殺我們之後，我們才真的遭殃了。像似囚犯，一步都不准離開大人的視線，警丁叔叔再也不肯帶我們去餵牛羊，好無聊哦！

我們突然好想念父親。有爸爸在的日子多好，他都把蕃產交易所內的死動物剝製成標本；將奇形怪狀的樹幹、樹根，雕修成精美的藝術品；將木質堅硬的樹幹，雕成人形、防鼠板，還雕刻出泰雅生活圖。這時我、阿宏和敏子總是手忙腳亂的當爸爸的助手，母親會送來零食、飲料，全家歡笑聲不絕。

現在只能逗逗父親養的鬥雞、餵餵紅眼小白兔。我和阿宏藉故捕捉駐在所前魚池內的小魚和蝌蚪，其實是在期盼父親早日歸來，沒等到父親，卻都差點淹死池中，幸虧警丁叔叔適時來救我們。

父親的跟屁蟲敏子更慘了。不見爸爸猶如失去全世界，整日孤零零坐在石階頂端，失魂落魄的遙望隘勇線，嘴裡反覆喃喃自語：「爸爸你不要敏子了嗎？爸爸快回來。」

有一天，敏子眼睛一亮，高興得跳起來大喊：「爸爸回來了！哥！爸爸回來了。」就衝下台階，阿宏也丟掉蝌蚪，隨敏子衝下台階。我先跑回家，拉著母親邊跑邊告訴她：「媽！爸爸回來了，他這次帶回來的東西好像特別多，我們快去幫幫他。」

離開兩個月餘的父親，目光炯炯，充滿喜氣的回來了。但是他一反常態，以往從平地回來，母親和我們一定都有禮物，吃的、穿的、玩具、童話故事書等。久違的父親帶回特別多的東西，卻沒有一樣是送給我們孩子的，我們失望地叫：「爸！這次怎麼沒有我們的禮物？」

父親不失其幽默風趣：「敏子，你的嘴翹得比釘子長，這包掛在你的嘴上保證不會掉下來。」隨著敏子嘴上的東西滑落，全家人又笑開了。

只是奇怪自家人沒有禮物，為什麼爸爸的同事都有一份相同的厚禮？父親說：「這些是爺爺從日本寄來要給他們的。」我們生氣地說：「爺爺不公平，爺爺不愛我們，為什麼別人都有禮物，我們反而都沒有。」

父親指著他帶回的食物跟媽媽說：「這些有很多是從日本寄來的珍貴美食，今晚我請大家吃飯，分遣所的太太們馬上會來教妳做日本料理，好好學哦！」父親拍拍母親的肩膀後，走到自己的辦公桌。

積壓兩個多月的公文真多，其中最令父親困擾的是馬赫尼來殺自己的孩子之夜，兩個蕃社的頭目聯手殺害呸魯曼社三十多人之事。這是他獻身警界以來感到最棘手之事。

父親先到凶案現場勘查，正遇到西卡瑤頭目領著其多名族人搬運馬赫尼倉庫的東西。他以捉到偷盜現行犯的罪名，將貝林・比泰一夥監禁起來。貝林十分不服的大叫：「我們沒有犯錯，因為我們幫亞富頭目殺了馬赫尼家族，這些東西是他答應要給我們的報酬啊！」

母親總覺得父親變得很奇怪，以往公事出差都盡快回來，現在一去五、七天是常事。以往家人都有禮物，現在都說忘了帶回禮物。臉顯疲憊，神色有點怪，脾氣變得急躁，夫妻吵架沒話說，以往從來沒打過母親，現在嫌母親囉唆，偶爾還出手打她。

母親關心問道：「你怎麼了？哪兒不舒服？要不要請公醫看看？我能幫什麼忙嗎？」

父親粗言粗語回應：「還不是妳的寶貝弟弟惹的禍！妳難道還不明白，他們十四個人都應該要判死刑。妳還一直煩我，要我救救他們。」

「妳知道這個禍闖得有多大嗎？霧社分室主任、能高郡郡守根本無法相助。我多次直接跑到台北總督府，懇求理蕃課長相助，免去他們的死罪。如此一趟五、七天算怪事嗎？有過分嗎？過分的是妳弟弟這些人。」

想到此禍端的確是自己的弟弟引發的，只要能救至親十四人，母親忍氣吞聲被打被罵都甘願，而且除了祈望巫毒浮保佑以外還能如何？

近藤勝三郎所獻的奇策，突破人止關，日軍警攻克霧社蕃，然後五年理蕃計畫中，獻政略婚姻，助台灣提早完成完全統治後，他不單是山產、木材、樟腦、製糖、台車、小火車業的巨商，更成了御用憲兵隊專屬的軍火商。為了破解最棘手的難題，救助舅舅等人，父親專程去向「生蕃近藤」請教。然後依其建議行事。

被封為泰雅族蕃通的近藤勝三郎、下山治平、佐塚愛祐、下松仙次郎等四人一起現身台北總督府理蕃課，在理蕃課長主持下共同研商。父親提出報告：

馬烈巴的馬赫尼蕃丁們，深夜跑到駐在所企圖殺害所有的日本人，經大塘、青山二警察槍斃凶蕃二人後，他們逃竄而去。

同夜，呈請人之妻貝克・道雷將上情向其兄哭訴。其兄亞富・道雷是馬烈巴社頭目，正巧其岳父沙拉冒蕃西卡瑤社頭目貝林・比泰住其家，雙社二頭目和蕃丁共十四人，此夜去誅殺馬赫尼家族三十多人。

依新法令該凶蕃十四人該判死刑。但是他們去殺馬赫尼家族，也是為了救我的孩子和日警及其家眷之故。

此事若真以新制「殺人者死」處死兩蕃社頭目等十四人，將來極可能引發更大的抗日事端。自稱源自賓士不甘神岩的泰雅族後代，占據台灣中、北部各高山，被稱為北蕃。這些同族同宗、同語言同習俗，歷代通婚的泰雅族群，十分重視親戚關係，若貿然將兩蕃社兩位頭目等十四人處以死刑，深恐將引發泰雅族群團結抗日事件，甚至爆發殖民史最大的襲殺日本人事件。

經四個蕃通分析、合力求情之後，理蕃課答應破例不殺，但是雖然死罪可免，卻必須要嚴懲。

最後結果是：馬烈巴頭目號召全社壯丁，進入奇萊山緝拿擁槍藏匿於深山的六人，活捉五人和一具屍體，再交出六枝槍來將功贖罪。

而被關在監牢的西卡瑤社頭目貝林・比泰，答應結合西卡瑤、馬烈巴雙社壯丁之力，砍下西卡瑤社的上好建材，直徑四十公分以上的桐木一百棵，將它搬運到霧社、埔里之間叫做眉溪的台車站，以此將功贖罪。

雙社雙頭目等十四名凶蕃，總算有貴人相助，終能逢凶化吉免去死罪。因為「生蕃近藤」所獻的奇策，父親十分高興，既不必得罪母親的至親好友十四人，也沒有引發重大的抗日事件。更讓他們都發了一筆意外之財。換句話說：三位獻身政略婚姻的日本警官，在總督府默認下，用部分賣掉桐木的錢當犒賞他們獻身政略婚姻的酬勞，同時在埔里置產，三家比鄰而居，猶如三兄弟般相親相愛相扶持。

下山治平因理蕃績優被派到台中接受兩個月儲備霧社分室主任特訓。期間某個惡夜，馬赫尼去砍殺治平的三個孩子，幸虧大塘和青木持槍相救。（左至右：下山敏子、下山宏、下山一）

青少年教育所由吉見巡查負責，除警察外，亦聘請警察夫人以囑託身分教導蕃青生活常識技能，最主要的囑託是貝克・道雷。（背景左青少年教育所，中是佛堂，台階上方是馬烈巴駐在所。人物左起治平牽敏子、吉見夫人，右起吉見巡查、貝克）

馬烈巴社新頭目亞富・道雷認為，其父之死和所生兒女相繼死亡是遭馬赫尼施巫術所害，趁姊夫下山治平長期出差，請其岳父西卡瑤社頭目來支援報仇殺滅馬赫尼家族三十多人。（前排左三亞富・道雷頭目，後排左三呸魯曼社馬赫尼頭目）

大正10年馬烈巴成立蕃童教育所，強制八歲學童接受四年教育，首任教師為吉見巡查。

日本警察發表政令、要事、調查案件……召集蕃民訓示。

第六話

小麻煩砸櫻逃回母親懷抱

我倆哭訴常找不到仲子阿姨，常挨餓，我吃糖拌飯和糖水，阿宏去乞食，因為太餓了，才決定回馬烈巴吃媽媽煮的飯。母親聽我倆哭訴，哭著將我倆抱緊說：「啊！我可憐的孩子啊！」

日本時代義務教育分成三種，一是蕃童教育所，滿八歲的蕃童就讀四年，由巡查兼任教師。二是公學校，一般本島人滿六歲的學童就讀，要讀六年。三是小學校，日本人子弟和當地有權勢、地位、金錢者的子弟滿六歲就讀，也是讀六年。小學校的課程內容、進度和日本內地完全相同，讓兩地的轉學生在課程銜接和適應上不致產生問題。一個年度分三個學期，中間放三個長假，春假、暑假、年假。

大正十（一九二一）年三月，父母親帶著滿七歲的我下到霧社，準備就讀霧社小學校。到達霧社後，先到爸爸的知交友人鳥居勇藏家，鳥居叔叔也留著八字鬍，性格神似父親，豪邁瀟灑不拘小節。他和父親志趣相投，都喜歡喝小酒、吟唱詩歌、照相、雕刻、收集藝品、製作標本。除此之外，他還愛畫圖，牆上掛有幾張女性裸體的畫作。

從馬烈巴下來的我覺得霧社實在繁華熱鬧。街上有兩間雜貨店，一間是本島人謝金墩開的，另一間是日本人開的四倉商店。還有一間小吃店、一間豬瀨幸助開的櫻旅館、一間郵局和一間酒保*。

霧社分室主任宿舍，直走穿過鳥居，爬上兩旁對立很多燈台的台階到頂端，正前方是神社，左邊是自來水廠的儲水塔、右邊是武德殿，武德殿的右下方是醫務所，神社上方的台地是蕃產物交易所。

醫務所下面，林立兩排給服務於深山的警察眷屬住的宿舍，分室後面也有三排宿舍，是給服務於霧社分室的警察住的。還駐屯著一個軍營。

我穿著神氣的學生制服，由身穿日警制服的父親和身穿和服的母親牽著手，交給美麗和藹的伊藤宇紺啟蒙老師。入學典禮結束，父母要回馬烈巴前跟我說：「若遇到任何問題，到昨天住宿的鳥居叔叔家，他一定會幫助你。暑假一到，我們會接你回馬烈巴。」

我們一到六年級，各班約有五至八個學生，住校生約二十人，分住男女宿舍。

當夜我們男生們聊起父母經，父親都是在深山服務的日本警察。他們對我母親臉上的紋面感到好奇，有人猜是胎記、傷痕、蕃婦的圖騰，當時我傻傻的，對於司空見慣母親臉上的紋面，真的不知是什麼。

幽居深山的我膽小如鼠，又似自閉兒，除了父親、大塘義父母、鳥居叔叔來探望我以外，足不出校園，一直期待著暑假來臨。好不容易盼到兩個蕃丁抬著籐竹合編的椅座，神氣地將我抬

＊昔稱酒保，即今酒店之意。

回馬烈巴。

這趟回去很神奇，發現家中多了一個紅通通的小男嬰，名叫下山昇，阿昇弟弟胖嘟嘟的很可愛，一逗就會笑，真有趣，我真的好喜歡又多了個弟弟。

第二學期中，父親來宿舍說：「告訴你一個好消息，你不用再住校了，你真正的媽媽和弟弟搬到霧社警察宿舍。快！整理好東西，媽媽在等你呢！」父親先帶我到小吃店吃麵，我問：「爸！媽媽和弟弟呢？爸，您又忘了，我吃麵要加荷包蛋呀！」父親向店主吩咐加荷包蛋後，步出店外。

「阿一！看吧！你媽媽和弟弟來接你了。」我只看到一名日本婦人抱著好像昇弟的小男嬰，坐到我的身旁。母親呢？我的母親在哪裡？那婦人開口：「你就是下山一嗎？長得很清秀，又一臉聰明相嘛！」我才懶得理陌生人，站起來伸長脖子找尋母親的蹤影。

父親要我坐下，指著抱著嬰兒的婦人慎重地說：「阿一！記住，這位名叫勝又仲子的人才是你真正的媽媽。」

我跳起來大吼：「騙子！騙子！一個人不是只有一個媽媽嗎？為什麼我有大塘媽媽、貝克媽媽，又來一個勝又仲子媽媽？」父親以強硬的態度要我叫她「媽媽」，我倔強不依。父親憤怒地賞我一個巴掌。我氣得哭叫：「不要！不要！我只有一個媽媽，臉上有紋面的才是我真正的媽媽！」

我衝倒端來的荷包蛋，哭著跑進鳥居叔叔家。

經過叔叔好言相勸調解，最後我答應稱她為「仲子阿姨」，和同父異母的佐治男弟弟同住進醫務所下面的警察宿舍了。

我想念父母時，常去找鳥居叔叔，他人緣好、朋友多，常見美女進出其家，其友人常羨慕的笑說：「萬年警丁，你的豔福真不淺哪！」

他聽了都笑著回答：「唉呀！我的『香蕉』已經沒有用了，看到美女也硬不起來，只能把美女當模特兒，把她們關進我的相機和圖畫中慢慢欣賞啊！」

有一天，我好奇地問：「叔叔，為什麼您的朋友都叫您萬年警丁呢？」

他說：「我非常喜愛美麗的台灣，尤其高山的四季自然美景，是我最佳的照相素材、蕃人的生活更是最佳題材。原本以為我們日本的富士山是東亞最高山、風景最美。台灣成為日本殖民地後，方知最高山是新高山（玉山）、次高山（雪山）第二，富士山降居第三，山是越高越美呀！為了親近新高山，我到貫穿台灣東西的八通關隘勇線，接近美麗的八通關大草原前的觀高駐在所當巡查。我沉迷於拍攝四季絕美的高山風景。有一天，我醉心照相忘了時間，天黑方知手電筒的電池已用光。想起台灣三害：凶蕃、山豬、台灣黑熊，而心懷忐忑的摸黑獨行於失足便會摔落萬丈懸崖的八通關隘勇線上。突然左前方沙沙作響，黑暗的密林雜草間，似乎黑熊在晃動，我嚇愣了，心想，年紀輕輕的我為實現祖國的理想，到台灣深山當警察，豈可葬身熊腹。當時實在太恐怖了，牠直朝我的方向而來，我拿起長槍向黑熊連射數槍。不料被我射死的竟是一位布農族獵人。大正九（一九二〇）年前的政局要以懷柔政策理蕃，日警射殺布農族獵人茲事體大，我不但由巡查貶為警丁，並懲罰我一生永遠是警丁，不得再升任巡查了，因此綽號叫『萬年警丁』。」

「叔叔，爸爸說您帶著照相機台灣四處走透透，那麼為什麼在霧社買房子，準備定居於霧社呢？」

「走遍日本、台灣，我認為霧社的風景、氣候、交通、人情……等，都最適合人類居住，所以霧社也算是我的故鄉了，我決定終老於霧社。」

年假時，父親親自來接我回馬烈巴，他再三叮嚀囑咐：「回馬烈巴後，絕口不可提起仲子阿姨和佐治男之事。你和她們住在一起之事，更要守住祕密。萬一這事讓貝克知道，她一定會上吊自殺，然後你的舅舅會把我們全家人都殺掉，用我們的頭顱去祭拜他們的巫毒浮。」我幼小的心靈，為守這祕密被壓得透不過氣來，不知如何和母親、弟妹言談。

過年原本是最快樂的時光，我只能羨慕無知的弟弟、妹妹可以依舊展現璀璨天真的笑顏。父母和我似乎各懷鬼胎，氣氛失去自然，只覺詭異沉重。

吃過年夜飯後，全家圍著火爐邊聊天邊玩日本花牌來守歲，以祈長輩能長壽。那年爸爸和我的牌運奇差，兩人局局皆輸。

新年早上，吃過菜湯年糕後和弟弟打陀螺，我都打不順。和弟弟打日式羽毛球也都輸給他。父母親帶我們到神社祭拜逛逛，連在運動場放風箏，我都無法放下心事。

第三學期終於要開課了，我總算守住父親有日本老婆孩子的祕密，回霧社警察宿舍了。

父親因公將出差埔里，他告訴我：「畢業典禮一結束快回家，我帶你到埔里見識什麼是繁華。」我興奮地回家卻找不到父親，阿姨說：「你爸爸等你時，埔里來電話催他，他就坐台車去埔里。對了！他才剛走，快追追看，也許你可以追上他坐的台車。」

台車剛駛離，我邊叫「爸爸等我！」邊追趕台車，車子早不見蹤影，我執拗的決定走到埔里找爸爸。追到堺橋，天已暗了，我又飢又渴又怕，常聽人說，過了堺橋是人止關，黑夜常常會出現無頭鬼，我害怕地大聲哭著向眉溪方向跑。

突然，身後有台車停下來，上頭坐著畢業典禮時的貴賓，台中州能高郡的郡守秋永長吉。他是父親的長官、朋友，大正十一年一月二十七日才由警察課長榮升郡守。他們聽到我身無分文，不知爸爸會住那裡，竟然異想天開，要走到埔里找爸爸，都笑彎了腰。而當郡守知道我父親是下山治平後，先讓我吃喝個飽，然後有位伯伯說：「這個享齊人之福的下山治平住處我知道，這孩子交給我吧！」

伯伯帶我到父親同鄉親戚所開山本雜貨店，山本鐵太郎家的玄關時，傳出父親如雷之聲：「唉呀！有時為了讓事情圓滿，不得不說善意的謊言……。」

父親看到我突然出現很驚訝，心疼地摟著我罵：「傻瓜！你憨厚倔強的個性真像你媽媽。有勇無謀，做事魯莽的習性，要改一改才不會吃虧呀！」從埔里回來後，我常神氣地在弟弟、妹妹、友人面前誇耀新見聞：首次坐台車、和郡守大人聊天、看到電燈和一輛黑色轎車、還看到爸爸在埔里買的兩座大房子……。

等我長大調到埔里教書，從山本伯伯口中得知父親不讓我們知道的祕密。山本夫人是仲子阿姨自幼的好朋友，父親和爺爺奶奶、仲子阿姨的書信都由他們傳達。

還有一個一直到母親過世還隱藏在我心裡的祕密：父親曾對母親說，因為仲子阿姨寧願當小妾，獨自跑到台灣追隨家父。其實是爺爺不願接納母親，答應並催促父親回故鄉和初戀情人勝又仲子結婚，他是在接受特訓前，娶了仲子阿姨，並帶回台灣的台中、埔里居住，後來為了照料我才搬到霧社。

春假回到馬烈巴後，我總覺得母親在懷疑我和父親隱藏著祕密，有意無意的想套我的口風。我深怕母親自殺我們被殺，很努力地想守口如瓶。每次看到父母吵架，我就畏縮自責，懷疑是否是我造成的呢？

有一天，父親的長官們到馬烈巴來，父親招待他們到谷底的馬烈巴警察溫泉俱樂部泡溫泉。父親要母親準備像樣的晚餐接待。揚言有位長官指定要吃蒸蛋，平時百依百順的母親居然意氣用事地說：

「我又不是母雞，我不會生雞蛋，怎麼做蒸蛋！」

「妳到隔壁的蕃產交易所買一下吧！」

隔一會兒父親到廚房查看，別說蒸蛋，連雞蛋都還沒買來，就催促：「妳快去買雞蛋吧！」

「沒賣。」

父親親自買回雞蛋後，生氣的大吼大罵。我第一次看到母親聲嘶力竭地回罵父親，甚至捶手打父親。父親大罵：「蕃人就是蕃人，不講理。」今生首次看到父親動手重打母親。

母親哭叫：「我不要活了。」衝向昏暗的山路。我實在擔心她真的又去自殺，哭著緊隨其後。母親愣在昔時掛人頭的大櫸木樹下痛哭。我也抱著母親大哭：「媽您不能自殺！媽我愛您，您不能死呀！」還好母親停住哭泣，愣了一會兒，就牽著我的手走回娘家。她回娘家後判若兩人，談笑風生，不讓其母、弟妹們察覺其不悅、痛苦。長大後，母親才告訴我：「當時若讓我家人知道你爸爸有別的女人，我若因此自殺，我的弟弟和族人一定不顧性命的去殺你爸爸，也許連混有日本血統的你們也遭殃。」母親為兒女強忍怨恨傷痛之心，有誰能知曉啊！

父親來向母親道歉了。返回駐在所之後，他向母親告白：「仲子是我青梅竹馬的初戀情人，我到台灣當兵時，原來準備退伍後不顧父母反對和她正式結婚。怎料遇到妳，就和妳結婚生子了。我曾寄信要她忘了我，找個好男人嫁。但是她始終堅持就算做內妻（妾），也要到台灣來。記得我到台中受訓兩個月吧！她居然隻身跑到台中找到我，到此地步沒辦法了！我只好接納她了。」

她極願意為下山家做任何事。抱歉！其實阿一早就和仲子住在一起，她把阿一當親生兒子般的照料。現在阿宏也要入學了，她堅持將阿宏也帶在身邊照料。」

母親強忍悲恨，揹著阿昇送我們兄弟到霧社上學。父親的雙妻終於正式會面，父親還親手拍照留念。

以往族人盛傳「西目疫」在平地有別的女人，那女人還生了西目疫的孩子，如今傳言證實了，她又能如何？為了孩子們著想，也只能抑制悲痛與氣憤，忍氣吞聲接受命運的安排了。父親的朋友們勸導母親：「堅守一夫一妻的泰雅時代已經過去了。我們日本人和漢人一樣，有辦法的男人，娶三妻四妾是稀鬆平常的事啦！希望妳不要太在意才好。」

我們兩兄弟和仲子阿姨、佐治男生活於同一個屋簷下，阿姨真的有意視我們為親生子來教養。文靜懦弱逆來順受的我，抱著感恩的心，放學後依舊照顧佐治男，好讓阿姨專心做家事。阿宏的性格像父親，樂觀開朗、活潑豪放。放學後書包一丟，就和同伴四處去玩，晚餐前才趕回來。若遭阿姨責備，他總是以笑臉加上甜言蜜語，幽默風趣地談論出門所遇的樂事，然後自己先哈哈大笑，把我們逗樂。

阿姨真是典型的日本女性，對丈夫和孩子輕聲細語、溫柔賢淑、體貼慈善。假如要挑她的毛病的話，就是出門找到聊天對象就會忘了回家。我們中午回家常不見阿姨蹤影，午餐也沒準備，若有剩飯我就吃糖拌飯，有時連剩飯也沒有，我就喝糖水果腹。後來我一直被胃病纏身，這該是主因吧！

阿宏不甘受餓，總愛找鳥居叔叔或到同學家飽餐一頓。我罵他這是乞丐的行為，他笑我：「填飽肚子是人生最重要的事。我才不要像你那麼傻，挨餓時只會吃糖拌飯。」

有一天，我中餐才以糖水果腹，放學回來還不見阿姨。我真的不希望阿宏像丐童到處要飯，兩人為此吵架。阿宏就哭著慫恿我：「哥！我們回馬烈巴去吧！媽媽從來沒讓我們餓肚子，我很怕餓肚子，向人家要點東西吃，你又要罵我像乞丐。走啦！走啦！」

「阿宏你別胡鬧，我們來回馬烈巴，都是爸爸請人揹或挑著，清晨起程黃昏才能到達。我們年紀小，走得動嗎？叉路那麼多，你能分辨該怎麼走嗎？天快黑了，你不怕鬼嗎？」

「膽小鬼真沒用，我什麼都不怕。走了！我們回馬烈巴去啦！」我被弟弟半拉半推的離「家」出走了。

走山路真累，過了羅多夫向見晴農場方向爬時，腦海裡開始出現也許經過曝屍場時，鬼怪會出來捉我們兩人，我又怕又飢腸轆轆，雙腿酸痲疲憊無力，就找塊石頭喘息，這時望見山腳下十多個挑夫爬上來。

哇！天助我也，太好啦！這些人是父親派來的，以大舅舅為首，將蕃產物交易所的物品搬到霧社賣，再將父親所訂之物揹回馬烈巴。大舅舅拿出美味的乾糧，有人以芋葉掬水來，我們吃飽喝足，舅舅將兩個女青年的行李分散給壯丁們，由她們負責揹我們回馬烈巴。

她倆踏著輕快的步伐說：「託這兩個日本孩子之福，我們回程揹得最輕。」那些挑夫不分男女，個個都是大力士，笨重的行李都超出頭頂許多呢！

走了很久，在湧出山泉的地方，他們停下來休息，並以日語跟我們說。

「你們日本人剛到馬烈巴時，都用雙軌的台車運貨。後來颱風豪雨沖壞隘勇線，我們以義務勞動方式，視路況一會兒揹負行李，一會兒用手推著台車，現在他們不再修隘勇線，我們只能辛苦地用人力搬重物了。」

「說到義務勞動最令人厭，不管什麼時候，只要西目疫一下命令，我們只能乖乖參加，以免受到重罰。」

「我們的西目疫算還不錯了，義務勞動後總會分些鹽、糖、鹹魚什麼的給大家，聽到很多別社的人說，他們只吃到拳打腳踢，甚至以籐條皮鞭打得皮開肉綻當大餐呢！」

「說到我們的西目疫還真的不錯，每年豐年祭，有人結婚、新居落成都會宰殺他們養的牛、羊和酒請全村的人吃喝呢！想到吃喝免費的酒肉，大家的歌聲更響亮，舞姿更生動呀！」

「我最期待豐年祭前一日的運動會，我賽跑年年得到蕃刀、鋤頭、斧頭……等很實用的獎品。」

聽他們不停讚美父親的作為，我插嘴問：「像今天這麼晚了，假如沒有月光照路，你們怎麼辦？」

一個壯丁說：「我們蕃人就是有過人的眼力，可以幾天不睡覺，在黑漆漆的叢林穿梭自如。若無此本領，怎能一去打獵三、五天揹回豐盛的獵物呢？」

揹我的女青年說：「我可沒那種本領，但是暗夜山路處處可睡。太累了，倒地而臥，靠山壁而眠，小雨時找濃密的樹蔭就可睡，雨大時找個岩洞也能睡呀！」

這時眾人皆說：「山路上也有豪華旅館。只要能遇上農地的工寮，不就是豪華的旅館嗎！」

月光下走啊走！突然對面山頂出現點點閃爍的火光，挑夫們驚恐大叫：「鬼火！鬼火！糟了！鬼火越來越多飛向我們，怎麼辦？」看他們害怕得不敢再向前走。這景象我倒是一點都不怕，只覺得畫面很美麗。

「阿一！阿宏！你們在哪裡？」的呼聲由遠而近，由模糊而清晰。原來爸爸接獲鳥居叔叔得自仲子阿姨我倆失蹤的消息，判斷是逃回馬烈巴，立刻召集巡查、警丁、蕃青手舉火把搜尋。

當母親出現眼前時，我倆飛奔投入母親溫暖的懷抱痛哭起來。

回到馬烈巴後，盛怒的父親不問青紅皂白，取下籐條，猛打我和阿宏的手心和屁股，母親陪著我們痛哭，要我們向父親道歉，但是父親還要打我們。慈母勇敢地大聲為我們求情：「好了啦！不要再打啦！小學一、二年級的孩子晚上敢從霧社逃回馬烈巴，一定是受到相當大的委屈，我們做父母的，光打解決不了問題，是不是該先聽聽孩子的心聲？」父親沒料到母親口出此言，愣了一下，終於停手。

我倆哭訴常找不到仲子阿姨，常挨餓，我吃糖拌飯和糖水，阿宏去乞食，因為太餓了，才決定回馬烈巴吃媽媽煮的飯。母親聽我倆哭訴，她哭得比我們兄弟倆還要傷心，將我倆抱緊說：「啊！我可憐的孩子啊！」

父親強硬的態度和語氣都軟化了，坐著說：「兒子！你們可知道孩子失蹤時，父母有多心焦嗎？愛之深責之切，我是因為太愛你們，才打了你們。兩個小孩子私自夜行山路，萬一掉落山崖，遇到山豬、黑熊，或是遇到仇恨日本人的蕃丁，都難逃死劫啊！」

母親含淚說：「我是沒讀過書的人，所以什麼都不懂，什麼都不會，只會被人看不起。我狠心送你們到霧社讀書，只希望你們認真讀書，好好學習為人處事的知識學問，將來長大才能像爸爸一樣聰明能幹，什麼事都做得好，找到好工作，受人們敬重啊！」

翌日天未明，父親親自押陣，我倆又被蕃青揹回仲子阿姨身邊，依父親指示說：「仲子阿姨，對不起！害您為我們擔心，我們以後不敢再逃回馬烈巴了。」

父親回馬烈巴前再三叮嚀：「下次絕對不許再離家出走。記住，遇到任何困難找仲子阿姨或鳥居叔叔商量。」

我們苦盡甘來了，阿姨變得更祥和，三餐總有熱騰騰的飯菜讓我們吃個飽。她也主動關心起我們的生活起居，約束好玩的阿宏以課業為重，星期假日，要阿宏帶著內向自閉的我找同伴一起玩。

原來霧社的景物這麼美好，尤其那座叫櫻台的小山崗，成為日本人散步閒逛聊天的勝地。我們日本男孩，更是最愛聚集在櫻台，互相追逐、打陀螺、捉迷藏，賞花鳥……玩得不亦樂乎。

有一次耳畔傳來優美的〈國境之町〉、〈異國之丘〉……等歌聲，友伴們引頸高盼的說：「看哦！美人要出現了。」

寂寞的日警們，似乎都愛以歌唱發抒思鄉之情，但是歌聲能比美家父的，我首次聽到，不禁睜大雙眼，好奇的想看看友伴口中的「美人」，和其歌聲悠揚的父親。

隨著歌聲，一幅溫馨甜美的畫面呈現眼前。高貴英俊挺拔的八字鬍慈父，手牽兩個清純、可愛、美麗的長辮女孩，美麗的慈母，懷抱男嬰隨夫身後緩行，還有一個活蹦亂跳於父母之間的俊秀男童，全家人邊唱著歌邊走上櫻台。那幅難忘的全家福畫面，使我既羨慕又嚮往。

阿宏輕聲耳語：「哥！看清楚哦！那位伯伯牽的大美女，就是我們的班長井上文枝。告訴你哦，我和她一直坐在同一張課桌哦！」看來阿宏為此而得意自滿呢！

男人自幼就是男性，愛看、愛談美女是男性本色吧！對此，我向來有點遲鈍。但是眼前名叫井上文枝的清秀佳人，真的有點打動我的心房，害我不禁偷瞄她幾眼。

櫻花盛開時的櫻台真是人間絕景，引來一幅幅的全家賞櫻圖，不知為何？氣質迥異特別典雅高貴的「井上全家福」賞櫻圖，深深烙印在我的腦海中。

暑假回馬烈巴時，牙牙學語口齒不清，正在練習步行的阿昇更可愛了，我和阿宏最愛逗弄阿昇來取樂。

有一天，阿昇的保姆（十四、五歲的蕃女）要帶我們去採野果，走下駐在所，其友人數位在等候，我和阿宏跟隨其後走向叢林，揹著阿昇的保姆走在最後面。

突然聽到阿昇大叫一聲後嚎哭，回頭見保姆左手拉著桑葚枝幹，右手拿著幾顆桑葚驚愣在那裡，我連忙問：「阿昇怎麼了？」她顫抖著回答：「阿昇好像被蛇咬到。」

我們立刻護送阿昇到醫療所，公醫問保姆蛇頭呈三角形或橢圓形，保姆只知是青蛇沒留意頭形。公醫處理好傷口打針，然後將藥交給父母，吩咐回家靜養觀察。

清晨母親大呼小叫：「治平快起來看看，阿昇的情況不妙，從脖子到頭臉整個又紅又腫脹，呼吸十分急促。」

公醫被叫醒診察：「傷口感染成丹毒，我只能試著盡全力救救看。」可惜已回天乏術，可愛的小弟弟就此從人間蒸發了。

從那之後，每看到櫻花紛紛飄落，我和阿宏就會感傷的回想阿昇的驟逝。

櫻桃由綠轉紅，各種鳥類飛舞取食紅櫻桃，櫻台轉換成人們爭相來賞鳥的地方。

我和阿宏突然異想天開，鳥類這麼愛吃豔紅的櫻桃，紅櫻桃一定很好吃，假如採取紅櫻桃，獻給辛苦照料我們的仲子阿姨和佐治男弟弟吃，他們一定會很高興。

我們把採來的紅櫻桃裝在鐵罐中，模仿外婆搗碎草莓、桑葚的方式，搗成泥醬，苦澀中帶些甘甜，但沒有預期的好吃，我們倒掉櫻桃醬，決定重新採取豔紅的櫻桃呈獻給可敬的仲子阿姨。

「阿一！阿宏！吃晚飯的時間已過，你倆學山猴攀在樹上做什麼？快下來要吃飯了。」我倆神祕地含笑不宣，爬下樹隨阿姨的責罵聲回家。

看到滿桌佳肴食慾大增的阿宏，顧不得洗手，先抓一塊肉想放入口中，「啪！」肉塊被阿姨打落。

「骯髒！不洗手就要吃東西，蕃女之子就是蕃女之子，骯髒難教養。」

「阿姨！弟弟年紀小不懂事，請您原諒他。這些美麗的櫻桃是我和阿宏採來送給阿姨和佐治男吃的。」結果好心沒好報。阿姨大力推開我捧著的櫻桃罐，怒目睥睨我和阿宏好一會兒，接著又罵：「看看你們兩兄弟都一樣，三分像人，七分像鬼，滿臉、滿嘴、滿手、滿身都像沾染了恐怖的鮮血。台灣的山櫻是人吃的嗎？就只有你們這些蕃女所生的蕃童，才會吃這種東西。」

萬萬沒料到想孝順阿姨的心意，結果換來一陣謾罵，不但不被尊重反遭羞辱。我最氣憤的是，就算我和阿宏犯錯被罵是應該，為什麼「蕃女」、「蕃女」地連母親也被辱罵進來？我的怒火急速上升，不禁舉起櫻桃罐，奮力砸向仲子阿姨的胸前。大腹便便的阿姨跌坐地上，全身沾滿鮮紅的櫻桃汁，扶著肚子不停地叫：「痛！痛！」直覺告訴我，這次的禍闖大了。我拉著弟弟衝向鳥居叔叔家，他不在。我又驚恐又害怕，拉著阿宏衝向往馬烈巴的方向跑，只想快點躲進媽媽的懷抱求庇護。

這次好運沒降臨，路上不見一個行人，遇到叉路也只能亂走。天已全黑，飢腸轆轆、雙腳發麻，酸痛難行，想起父親所言死路：掉入萬丈斷崖、被山豬攻擊、被黑熊吃掉、被恨日本人的蕃人殺死砍頭。不！還有一怕，怕鬼怪把我們抓走。一點風吹草動都嚇得我倆相擁哭嚎。

摸黑走著走著，突然發現工寮，憶起上次離家出走時，蕃青說過：「工寮是暗夜山路的豪華旅館。」我倆小心翼翼地推開工寮的門，累得倒頭便呼呼大睡了。

「這是哪裡？我們睡在哪裡？」我推醒身邊的阿宏，他揉揉惺忪的雙眼望向我的右上方，突然大叫：「媽！」我倆跳起來抱著母親痛哭起來。

母親半喜半嗔地說：「你倆真是小麻煩，這次闖大禍了。幸虧鳥居叔叔打電話來，爸爸又出動一群人拿著火把再度去找你們。你倆累得在工寮內睡死了啊？從工寮被抬回家都不知啊？」大腹便便的母親述說著。

我倆左顧右盼找尋父親，心想這次一定被打得更慘：「媽！爸爸呢？怎麼沒看到爸爸。」我們心虛的問。

母親長嘆一聲，語帶擔憂：「說你們是小麻煩就是小麻煩，叔叔說仲子被你們用什麼罐子打到，可能會早產，爸爸找到你倆後，連夜趕到霧社去了。」

當我們回霧社的家時，父親拉著長臉厲聲責罵我們，要我們跪下向仲子阿姨道歉，這時她身邊躺著極瘦弱幼小的男嬰，他就是我們小麻煩砸櫻逃回馬烈巴事件的受害者，未足月七個月就早產到世間的下山治。

阿姨怒氣難消，堅持將我倆寄放霧社小學校的宿舍。我倆常往阿姨那兒跑，看到比一般嬰兒瘦弱的阿治，我的砸櫻罪惡感逼迫我以補償心態善待他。不知不覺間我們又和仲子阿姨同住，我常揹著阿治，阿宏牽著佐治男，我們兄弟四人形影不離。

暑假回馬烈巴時，大正十二年五月五日出生的靜子妹妹長大些，非常可愛，想到靜子妹只比治早生數日，我和宏常笑著說：「爸爸真厲害，讓兩個老婆好像再度製造雙胞胎呀！」

大正十二（一九二三）年，裕仁攝政親王（後來的昭和天皇）御臨台灣，當他到霧社分室視察時，曾親手在分室的廣場邊種植一棵榕樹，此榕樹至今尚屹立於霧社街頭。

當時霧社分室高井主任親自向裕仁親王做簡報：

「台灣的民族，依照清國分成漢人和蕃人。漢人又稱本島人，因語言不同，又分為閩南（福建）人和客家（廣東）人。蕃人族群繁雜，依生活區域環境的差異歸類為一、熟蕃：居住平地、歸化或漸漸漢化的，約二十個屬南島語系的蕃族（平埔族）。二、生蕃：被歷代封鎖於深山，以往一直被文明隔絕的蕃族。

大正四年，全台灣深山蕃族都降服後，經過我方人類學家依語言、面貌、膚色、服飾、風俗習慣的差異，將生蕃歸類成九大族群。依當時人口多寡排列如下：一、阿美族、二、泰雅族、

三、排灣族、四、布農族、五、魯凱族、六、卑南族、七、鄒族、八、雅美族、九、賽夏族。這九大族群又分稱南蕃和北蕃。北蕃占據台灣中、北部各高山，這分布最廣的泰雅族群，自稱祖先發祥於霧社分室管轄區內的神岩、神木。其餘外來南島語系的八大族群統稱南蕃。霧社蕃族大部分是泰雅族。只有卡度（中正村）、依拿各（親愛村）、干卓萬（萬豐村）住著布農族。

霧社蕃區內的泰雅族，因語言、服飾、風俗習慣的小差異，又可細分成：一、泰雅、二、賽德克＊、三、太魯閣、四、澤敖列亞等，從古時彼此出草成仇，以致治安的維護困難度較大。」

裕仁攝政親王聽完之後指示：「世人皆由蕃漸漸文明化。台灣已成我國殖民地，蕃區內的蕃人，應儘速文明化，當然將來朝皇民化努力。『蕃』的稱號極失禮不文雅，應研討適宜的稱呼。」

台灣總督府發布，將蕃人暫時改稱「先住民」。然後請專家們研究商議，而於昭和八（一九三三）年正式命名為「高砂族」。

＊原被認為是泰雅族亞族的太魯閣族、賽德克族分別在二〇〇四、二〇〇八年獲中華民國行政院原住民委員會認可為獨立的一族。

下山一、下山宏兩兄弟被大人寵壞，幼時十分頑皮搗蛋，是有名的「小麻煩」兄弟。

大正10年初貝克生下昇。有一天治平突然帶一位懷抱嬰兒的日本婦人，說是下山一真正的媽媽，一大鬧不肯喊「媽媽」，經鳥居勸解，貝克所生子女都以「仲子阿姨」稱呼日本媽媽。（貝克坐著抱昇，敏子在其身側）

馬卡納集溫泉的警察俱樂部，下山治平常在此招待貴賓，其右側是蕃產物交換所和醫務所。這是治平和貝克曾鬧蒸蛋風波處。

想到用櫻桃罐砸仲子阿姨，害下山治早產，小麻煩兄弟一輩子慚愧。治出生一週歡慶照。（左一仲子阿姨、左四下山宏、左五下山一）

萬年警丁鳥居勇藏是下山治平的知交，拋下妻兒獨自在台灣的鳥居將好友的兒女視如親子女般照料，並留下許多下山家的珍貴照片。

第七話

棒打愛的蠶絲被

大正十四年初，一個寒風刺骨的清晨，母親拿出打包好的「愛的蠶絲被」，有氣無力的說：「爸爸和蠶絲被要回日本了，不要問我原因，幫媽媽好好痛打蠶絲被吧！」

乘著大官坐的四人大轎，仲子阿姨、佐治男、阿治來到了馬烈巴。還好宿舍不小，多了三個人也還不算擁擠，我們一家九口，過了熱熱鬧鬧難忘的一個暑假。

暑假結束了，阿姨不願回霧社，說她和我母親情似姊妹，要留在馬烈巴共同伺候夫君。

霧社秋色優美，五彩繽紛滿山谷，三楓五槭增紅豔。我正在校園一隅楓紅下，遠眺馬烈巴思念家人，霧社分室的警丁來說：「下山君，你們的父母和家人都搬來霧社，請隨我到你們的住所吧！」

聽到家人都搬來，我興奮至極，心想一定是爸爸真的高升為霧社分室主任了。那麼我和阿宏就不用再住校舍吧？

我和阿宏猴急地往醫務所下方的警察宿舍跑去，警丁氣喘吁吁地追趕過來：「等等！等等！你們家人現在是在郵局與霧社分室中間巷子進去，在下方的房子裡等你們。」奇怪？他們為何不是在我們和阿姨住的宿舍呢？

霧社分室下方像貧民窟，散落數間破破爛爛的小木屋，與其說住家，倒不如說是工寮還比較貼切。

自幼我們都住在寬敞舒適的警察宿舍，這位警丁帶我們到貧民窟做什麼？

破舊的小木屋外為何站著馬烈巴的人？我們向舅舅和阿姨打招呼後，進入黑漆漆的屋內，映入眼簾的是母親抱著靜子，敏子偎靠著母親，他們都在哭泣。父親安慰著：「好了別哭了，阿一和阿宏回來了。等我找到工作，一定有辦法讓你們搬進好房子，生活也絕不會有問題了。」說完拍拍我們的肩膀，丟下不知發生何事的我倆，帶著仲子阿姨坐台車下埔里去。

舅舅和阿姨們把我們家的東西都搬進屋內後，安慰母親幾句，不久也都離去，留下我們陪母親哭泣。

母親哭著告訴我和阿宏事情原委：每年一度年末例行巡迴監督視察，今年提前由能高郡守秋永長吉和警察課長，帶著一行人到馬烈巴來。這次來視察的人員比往年多十幾人，幸虧仲子阿姨幫忙，不然母親要準備那麼多人吃的菜肴，還真的會忙不過來。仲子阿姨到席間敬酒時，郡守尿遁到廚房找母親聊天。

他說：「貝克女士，聽說你們泰雅人的傳統是堅守一夫一妻制，現在下山君的日本太太到馬烈巴住，這樣會不會影響平穩的蕃情？」

「不錯！我們泰雅人一向堅守一夫一妻。治平有雙妻，仲子住到馬烈巴來是否影響蕃情之事，以我一個無知識學問的高砂族，實在無從奉告。」母親據實回應。

「那麼請問，妳和仲子女士同居一室，共有一夫之事，妳真正的感受如何？」郡守又問。

「這當然不會是愉快的事吧！」母親真誠的回答。

郡守坐回父親身邊語帶指責：「對於蕃情最了解的『生蕃下山』為何糊塗到把日本太太帶到馬烈巴住？若激怒貝克女士引起蕃情惡化，再次引發抗日事件的話，在座的各位，誰能扛得起這重責大任？」

警察課長接口：「早就警告過你讓仲子住在台中或埔里，你偏偏把她遷往霧社幫你照料阿一和阿宏，這已經夠毛骨悚然了，現在居然把仲子帶到馬烈巴住。馬鹿野郎！我們聽到你膽大妄為的做法，都嚇得無法入眠呢。」

這時大家都喝得差不多了。父親醉態百出，盡往自己臉上貼金：「連兩個老婆都無法安撫的人，還能算是男子漢大丈夫嗎？我是什麼樣的人，我會做沒有把握的事嗎？你們放千萬個心，以我的辦事能力，絕不致蕃情惡化，也絕不會連累大家。」

「馬鹿野郎！明知理蕃的重要性與艱困，你的傲慢自負，將使殖民事業蒙塵。不管如何，我命令你，明天就把仲子帶出馬烈巴，只要她不再到馬烈巴，我可以睜一眼、閉一眼，讓你繼續享齊人之福。」郡守雖醉卻未失理性。

以父親的薪俸將雙妻分置雙地，養活兩家九口，要做清廉的好官，也許真是難題，要做貪官有違良心，依政略婚姻的條件，將蕃妻與親生兒女置之不管，又實在太不人道。父親的心事誰人知？難題又有什麼人能分擔？

父親向酒借膽，指著秋永郡守的鼻子大吼：「馬鹿野郎！誰不知道你嫉妒我坐擁雙妻，故意想拆散我們。」

「這是一個身為馬烈巴蕃社指導者、監督者該說的話嗎？我以郡守的身分命令你，明天清晨就得把仲子帶下山去。」郡守插著腰怒視我父親。

「笑話，我的家務事要郡守插手啊！誰不知道你是個娘娘腔的男人，得了嚴重的妻管嚴症，太太叫你往東，你敢往西嗎？」惱羞成怒的郡守抓起父親的衣領，揮手重擊，被酒魔害得失去理性的父親，猛力回毆，兩人扭打成一團。兩人從屋內打到屋外，從屋外滾打向駐在所的台階下。眾人七嘴八舌出手來勸架。

父親是警界出名的柔道、相撲、劍擊高手，出手想拉開他倆的人，個個遭殃。最慘的是郡守，多次被父親高舉重摔，摔得鼻青臉腫傷痕累累。

郡守離去前撂下狠話：「你被革職了。趕緊整理好行李，接到革職令，立刻滾下山去。記住，遭到革職後，雙妻不許安置在同一地方，否則後果自己承擔。」

母親哭訴原委，我們除了陪哭，還能如何？

父親失業後，帶著阿姨住埔里，我們則住在霧社破舊不堪的小木屋。世人最現實，冷酷無情。我和阿宏突然變成同學欺侮的對象，罵我們混血兒、雜種、私生子、被父親遺棄的可憐人、蕃人之子、黥面人之子……。常常故意打我們，推倒我們，用腳絆倒我們，用石頭丟傷我們。

我們回家向母親哭訴，她就抱著我們哭說：「我可憐的孩子，你們沒有罪過，為何只因身世特殊遭人欺侮？」「孩子，論你們的聰明才智，體格長相，絕不輸他人。現在一定要忍耐，專心讀書，成績名列前茅，將來考上好學校，有好職業，到那時就能揚眉吐氣，看誰還敢欺侮你們。」

父親失業後，到埔里找新工作。幸遇大巨商近藤勝三郎伯伯，他深信出身米商的父親工作能力高強，立刻聘為埔里製糖會社社長。以此收入養雙妻雙家眾兒女，是綽綽有餘，生活算是安定下來了。

製糖會社還兼營製樟腦業，自備台車、小火車，除運輸甘蔗、樟木等材料外，還搬運各種建材、貨物以及成為旅人的交通工具。父親經常搭末班的台車回霧社，次日搭第一班台車回埔里。

父親常談起帶我們回日本故鄉之事。家中分立三派：堅決不去日本的母親派，恨不得立刻回日本的阿宏和敏子是親父派，我和稚齡的靜子是沉默無意見派。

下課了，身為四年級班長的我，收齊同學的作業簿，心事重重垂頭喪氣的走向辦公室。突然「啊！」的尖叫聲嚇我一跳，原來三年級班長井上文枝被我撞倒，我倆手上的簿子散落一地，我一邊道歉一邊彎腰撿拾簿子，我倆又對撞雙雙坐在地面，被頑皮的同學看見，他們之後常嘲笑我：「阿一愛文枝！阿一愛文枝！羞羞羞！」

報馬仔阿宏分明自己喜歡文枝，卻向父母神祕兮兮的打小報告：「告訴你們一個祕密，同學們都在說阿一愛文枝，文枝以後會不會變成我的嫂嫂？」

父親開心的笑說：「小鬼！你已經懂什麼是愛呀結婚的意義嗎？告訴你，結婚首重門當戶對，才會幸福。別輕看井上昌君現在只是巡查，我們霧社蕃區內服務的日警，就屬他身分最高。井上君是唯一出自貴族世家的人。你們想娶貴族之女？我都不敢夢想，那是絕不可能之事啊！」

母親接口：「說到門當戶對，我們下山家和佐塚家最適合。我們早就為你們配對好了，將來阿一娶佐塚佐和子、阿宏娶佐塚豐子、敏子嫁給佐塚昌雄，假如亞娃依下胎生兒子，靜子就嫁給他。」後來亞娃依阿姨生下比靜子小六歲的佐塚晃男，他倆也由雙方母親指定為婚配對象了。

父親和阿姨再度到霧社遊說母親，全家一起回日本生活。母親說：「看看我額頭上的紋面，回日本會給治平和孩子們帶來困擾，你們回去吧！我死也要留在台灣。」

父親和阿姨都說：「日本醫術比台灣進步，手術去除刺青，恢復原貌絕無問題，只要一起回日本，保證馬上帶你去把刺青清除。」母親沒有立刻回應，但似乎有點心動了。

幾經父親、阿姨和孩子們懇求，母親終於點頭答應去日本。我們高高興興地一起到埔里，仲子阿姨他們住在台車站附近兩層樓的豪宅，我們住在離埔里高等科很近、空地很大的平房，我家右邊是佐塚愛祐家，再過去是下松仙次郎家，我們三家一直親如自家人。

埔里是台灣的地理中心，是美麗的山中盆地。因為寒流吹不進，颱風有中央山脈阻擋，所以冬暖夏涼。埔里的水質甜美，交通、購物、醫療便利，人情味濃厚，最適合人類居住，因此父親回日本時房子沒賣，他準備年老退休時終老於埔里。

父親是多做事、少說話，凡事先計畫好的人。他徵詢母親：「回日本後兩條路給妳選擇，一是全家一起生活、一起打拼，起頭必定艱難困苦，但是一定可以漸入佳境。另外就是妳和孩子們先回靜岡縣的修善寺陪我的生母，那兒祖產的農田極大，妳先去幫忙一陣，等我生活安定下來，再接妳們母子全家一起生活。」對此，母親無意見，願依父親安排。

平房裡，堆滿父親準備寄船託運回內地的各種泰雅族文物、相片、雕刻品、動物標本、食用品、蕃刀、籐竹編物、麻布、衣飾……等，琳瑯滿目。父親準備在東京或橫濱開免費觀賞的泰雅文物館，然後在那裡販賣各種台灣物品。這個想法讓母親面露喜悅，誇讚父親有商業頭腦。

到仲子阿姨家吃晚餐時，席間多了兩位母親認識的泰雅女人。巴蘭社二十七歲，臉上有刺青的扶給哈・依幸，還有眉原社，十七歲的姮巴斯・子達。母親訝異於這兩位妓女為何在此現身？

她倆見到我母親熱情、興奮地說：「貝克，現在我們是一家人了，我們和妳一樣，要和下山治平一起去日本。」母親以疑惑的眼光望向父親。

父親志得意滿的說：「我不是告訴妳到日本開台灣泰雅文物館嗎？把她倆買下來穿著泰雅傳統衣飾站在文物館前面，這不就成了最佳的活招牌，相信必能招徠許多好奇的顧客上門買台灣產品。」

母親的歡顏頓時換成怒臉：「什麼？把泰雅人當成活招牌？也就是說把高砂族當猴耍給日本人看？你太過分了，怪不得你們一直慫恿我去日本。好了！一句話，我絕不去日本。」任憑父親和仲子阿姨怎麼解釋，母親完全聽不進去。想到自己最依賴的丈夫如此藐視、不尊重自己的族人，她轉頭勸告扶給哈和姮巴斯：「你們做妓女就不是光榮的事，如今真的願意隨治平去日本當猴耍嗎？奉勸你們丟臉別丟到日本內地好嗎？」次晨，頭也不回地帶我們回霧社。

父親和仲子阿姨曾再度到霧社想勸家母改變主意，全家一起回日本。母親不答應，撂下一句：「你們快回去日本，我們會回馬烈巴生活。」說著往外跑。父親和阿姨在後頭追，追到蕃產物交易所，父親認定她尚未到此，躲在神社的可能性高，於是折回大聲呼叫：「貝克！貝克！」母親明知父親已找到她身邊，卻躲在神桌的桌巾底下，硬是相應不理。

父親拖延歸期，奔走於霧社分室和總督府理蕃課之間，開始申請因政略婚姻將被遺留於台灣的貝克和其兒女的生活，該由政府照料。和政略婚姻有關的近藤勝三郎、佐塚愛祐、下松仙次郎義不容辭的協助。連胸懷「愛的復仇」到台灣行醫的基督徒醫師井上伊之助聞訊，也充滿正義感，共赴總督府力爭。

不久，父親親自帶回總督府發的公文，交給舊霧社分室主任高井九平。他看過這份「最密件」後，躬身帶領警丁，把我們從貧民窟安排住進舊霧社警察俱樂部。那房子有榻榻米十疊一間、八疊一間、六疊兩間。玄關、客廳、廚房、浴室樣樣豪華。母親憂鬱的臉綻開些許笑容說：「啊！這間宿舍好像比主任的還大，我們怎麼好意思住呀！」

不只如此，母親被任命為高薪的囑託，按月領比巡查還多的薪水四十元。母親始終認定這是高井主任和霧社分室所有警察同情恩待她的。

父親回埔里前告訴母親：「妳和孩子可以一直住在警察宿舍，生活費用也不會成問題。若尚有任何困難，只要找主任，他必定會盡力幫助妳。」

此時，仲子阿姨又生下民子妹。阿姨的妹妹勝又朝子到埔里來照料。父親偶爾會帶朝子阿姨到霧社玩。結果謠言滿天飛，說風流成性的家父又娶第三房，還好意思帶到霧社同居。大家十分同情母親遇人不淑。

有一天，我們正在進晚餐，微醉的甲斐長馬巡查敲門怒吼：「不要臉的下山治平，給我滾出來。」父親莫名其妙的去開門：「馬鹿野郎！你是個不要臉的人渣……。」甲斐一見到家父就出手痛毆，兩人扭打起來，朝子一現身，甲斐更憤慨，母親趕緊拉開甲斐解釋：「甲斐君！她叫勝又朝子，是仲子的親妹妹啦！」他才不好意思的回去。

有一天，父親拿著嶄新的雙人被來告辭：「貝克！我真的要回日本了，這棉被送給妳。可否將『愛的蠶絲被』送返給我，妳和孩子們的回憶，都在愛的蠶絲被裡，我想念你們時，拿出愛的蠶絲被，就好像你們在我的身邊。」母親格外沉默，陷入悲恨交集感慨萬分，只會垂淚搖頭，一句都不回應。

當夜父親再三叮嚀我：「父親不在時長子若父。你是老大，我回日本後，照顧母親和弟妹的責任交託給你了。學生時代要專心於課業，才會有美好的前途。幫我督促阿宏、敏子、靜子一定要用功讀書，孝順母親，保持健康。」

「對了！遇到困難挫折時，靜心開啟心靈的光明燈，相信可以尋到好的對策。還有，鳥居、大塘、四倉叔叔相信可以像爸爸一樣的關照你們，你無法解決之事，找他們商量。我回去後，請你常寫信給我，把你們的生活情形告訴我好嗎？」

我因恨透父親遺棄我們，只寫過數封發牢騷臭罵他的信。還好阿宏和敏子常和父親互通音訊。

大正十四（一九二五）年初，一個寒風刺骨的清晨，母親拿出打包好的「愛的蠶絲被」，有氣無力的說：「爸爸和蠶絲被要回日本了，不要問我原因，幫媽媽好好痛打蠶絲被吧！」接過木棒，母親和我使勁的棒打愛的蠶絲被，母親邊打邊淚如雨下，打到精疲力盡哭倒蠶絲被，我含淚打到手酸麻才停止。向來神采飛揚、英挺俊傑的父親，黯然神傷，突然似滄桑老人，拖著疲憊的步伐，垂淚低頭空手蹣行。父親垂頭喪氣從我們模糊的淚眼漸漸消失的背影，永遠深植於我的腦海。

父親轟轟烈烈、高低起伏的二十多年台灣生涯，最後只換得世人的唾罵。背負著無情無義拋妻棄子之惡名，他終於回歸故鄉了。

家中的支柱走後，母親強打精神、忍住淚水，到霧社分室當囑託，主動為霧社分室做各種雜工。她主要負責協助公醫巡迴各蕃社的醫療所，做護士該做的工作。還有跟隨政府官員到各蕃社當翻譯、宣導政令等。

為報答高井主任和霧社分室的警察們，母親向巴蘭社好友哈巴歐商借位於現在霧社高農的運動場，將當時荒蕪的空地，親自開墾成菜園，按四季種植各種蔬菜瓜果，收成時分送給分室的恩人們當回饋。

母親常言：「做媽媽的人，沒有資格憂傷，惟有不停的工作，才會忘掉憂傷。」

萬年警丁待我們親如子女，常揹著相機和長官、公醫及家母一起巡迴各蕃社。鳥居叔叔的太太孩子留在內地，因此，常常有人想湊合母親和萬年警丁鳥居結婚。母親聽了都含笑回答：

「你們無聊胡鬧啊！我和治平只是分居台灣、日本兩地，沒有離婚，怎能談再婚。」堅強的母親，只想一心一意把我們教養成有用的人，無心再婚。

鳥居叔叔說：「我和下山治平是生死之交，受託照料其妻和兒女。至友之妻不可戲，怎可趁他回日本而背叛友情呢。」因此我們兄弟都十分敬愛鳥居叔叔，一直視其如父親般相處。

母親倍人的含辛茹苦，我們銘感五內。母親常為公出遠門，我都盡力代替父親來照顧弟弟妹妹，告訴他們一定要遵從父母的要求：「學生時代一切以課業為重，惟有優異的成績，才能有美好的未來。」萬幸我們的成績都保持名列前茅，弟弟妹妹都乖巧懂事，沒有辜負辛勞的母親。

後來，母親從其弟妹口中得知，他們早已知道西目疫金屋藏嬌，另養了日本女人，那女人生下西目疫的孩子時，大家都十分震怒。他們瞞著我母親由大舅舅馬烈巴頭目亞富・道雷，率領馬烈巴青年十多人到霧社分室、能高郡守、台中州理蕃課、警察課等處，表達族民對馬烈巴駐在所主任下山治平破壞泰雅一夫一妻傳統，又和日本女人同居生子，顯然欺侮尊貴的泰雅公主的憤怒之聲。

原來，秋永郡守就是因大舅他們去抗議仲子到馬烈巴住，才提前借年度巡視之名到馬烈巴，造成家父被革職的憾事。母親聽了苦笑著說：「我和治平、仲子以及我們的兒女，都是時代潮流轉換所造成的受害者，能怨誰怪誰？這只是時代的悲劇之一啊！」族人看到母親如此勇敢堅強，心胸豁達、明理懂事，不愧泰雅公主尊貴的典範，也就無話可說了。

下山治平離開台灣前，霧社分室主任高井九平幫治平將貝克和四個滯台的孩子從貧民窟搬到霧社分室宿舍。（左起：高井九平、下山一、宏、貝克、敏子，靜子睡在身後的宿舍）

馬烈巴駐在所主任之職，由秋永長吉郡守監交，從下山治平移交給佐塚愛祐。（前排坐者左起佐塚愛祐、秋永長吉、下山治平）

仲子阿姨住到馬烈巴引起公憤，秋永長吉郡守和警察課長來查訪。下山治平酒後重傷郡守被革職。離開服務將近二十年的馬烈巴駐在所前與全體合影留念。（前排右十貝克・道雷，中排右六下山治平）

下山治平遭革職後，近藤勝三郎同情又欣賞其才能，聘用治平為埔里製糖會社社長，約二年後治平帶著仲子阿姨與子女回日本。（左圖：女童節時於埔里，左起治、民子、佐治男）（右圖：回日本後前排左起佐治男、治，後排左起勝又朝子、勝又仲子、下山民子）

第八話

揮別思慕的人

我常想：是否每個人都有磁場，磁場相近的人就是有緣的人，只有有緣的人才能常相聚守呢……能在車埕巧遇我夢中思慕的人，「緣分」實在奇妙啊！

小學畢業後，我以第一名的佳績考進埔里高等科。

據說，埔里這個四周環山美麗的盆地，曾於大正六（一九一七）年遭受大地震，老房子幾乎都被震得滿目瘡痍，殖民政府得此契機，聘請建築專家重新整頓，改造市容，才有今日美麗的山中盆地小都市。

埔里比霧社繁華多了，警察宿舍林立，這是為了安頓服務於深山的警察眷屬們。宿舍區也有小學校和高等科的學生宿舍。

我們高等科住校生有二十多人，分男、女宿舍。二年級的學長西井三郎和霧社荷戈社的花岡二郎，被稱為「腕相撲雙霸」，但是不管左手、右手、雙手腕相撲，他倆都是我的手下敗將。我的級任老師井出秀勝和兼任舍監的香坂武夫老師都是短跑健將，聽到我曾代表能高郡參加台中州運，是短跑的優勝紀錄保持者，就向我挑戰，結果一百、二百公尺雙雙輸給我，因此他倆特別疼愛我。

高等科兩年中最難忘的，該是夜探墓地訓練膽量的活動吧！老師們規劃好路線，沿路設置怪聲、鬼火、妖怪現身、鬼來抓人等驚恐刺激的情境，學生們要到定點拿取證物回校。自幼膽小怕鬼的我，骨子裡卻好強不願服輸，就此成功克服了懼怕鬼怪的心理障礙，膽量變大了。

升上埔里高等科二年級時，我的弟弟阿宏和佐塚昌男、井上文枝、還有荷戈社的川野花子、高山初子……也都考進了高等科就讀。

我是生長在深山蕃村的土包子，高等科一、二年級的修學旅行，老師帶我們到繁華的大都市，參觀各種文明精進的事物，當時我真希望長大後有能力讓母親和弟妹在繁華的都市生活。成長於單親家庭的我，畢業只能感傷。雖然我以全校第一名畢業，但是想到可憐的母親單獨撫養四個孩子，身為長子的我決定放棄升學，賺錢減輕母親的負擔，好好幫忙栽培弟弟妹妹。

體態壯碩的久谷豐吉校長聽到級任老師向他報告我的遭遇，找我去懇談，知道我心意已決就慰勉我說：「一君！其實人生的成功之道，不只是升學一途。畢業後，決定好你的目標，不管是學個技藝，進工廠學習、學經商……只要肯認真，行行都能出狀元。不要自暴自棄，以你的聰明才智，相信將來一定可以出人頭地。切記，要做命運的主人，不要變成命運的奴隸。」

畢業回到家，霧社分室高井主任來找我：「既然不再升學，那麼和花岡二郎一樣，聘你當霧社分室的警丁如何？不但有穩固的收入，又可就近照料母親和弟妹。」幼時在馬烈巴駐在所看盡警察殘暴的模樣，決心不當警察的我，婉拒了主任的好意。

當我為找工作煩憂時，來自蠻荒、不識字的偉大母親，適時發揮母愛，堅強地引導我追尋光明的前途。母親把我小學校、高等科所獲的各種獎狀，珍貴地包裹在花布巾裡。晚飯後，拿出這包厚厚的獎狀，帶我到櫻旅館拜見正好到霧社地區巡視的總督府理蕃課課長。課長看到我高等科第一名畢業的獎狀，又聽到我不升學的理由，欣慰地笑說：「沒想到下山治平的孩子如此優秀、孝順、懂事。既然是因為擔心經濟問題而放棄升學，那麼師範學校一切公費，你該可以安心去讀吧！」

那時台中師範學校的報名日期早過，但是理蕃課課長還是帶著母親和我，直接到校長室找校長。當時已是筆試的最後一堂，在根本不敢懷抱任何希望的情況下，我即刻單獨在校長室，由校長親自監考完成了筆試。但是萬萬沒有料到，不久就接到優異的成績單，獲得參加複試的資格。

複試是考藝能科：體能、音樂、美術，將有一半人會被淘汰。埔里高等科年輕責任感重的級任井出老師，立刻召集初試及格的學生，免費施以特訓，好準備參加複試。

大塘義父當時在台中當警察，他要我複試前先到他家住，屆時準備陪我到台中師範參加複試。

我常想：是否每個人都有磁場，磁場相近的人就是有緣的人，只有有緣的人才能常相聚守呢？

當我從埔里搭乘製糖會社的台車，經過魚池到達車埕，下車準備換乘往二水的小火車時，突然眼睛一亮，發現十分熟悉的背影。沒錯！我自幼思慕的夢中佳人井上文枝，早我一班台車，正坐在椅子上等車。她身旁坐著穿著豪華和服的婦人，是來自東京的上島夫人。

能在車埕巧遇我夢中思慕的人，「緣分」實在奇妙啊！我和文枝、上島夫人一起從車埕搭小火車到二水，再一起換搭鐵路本線的大火車往北。我們三人在火車上聊天，得知井上文枝被東京富商井上敬領養。上島夫人受託到霧社接文枝。她到東京後，將參加居所附近洗足女高（高中）的考試，才讀完埔里高等科一年級的文枝，那時居然跳級考取，轟動了日本教育界。美好的時光飛快流逝，轉眼到台中站了，我依依不捨的下車，站在月台，揮手惜別心中思慕的人。不知何時列車已消失，心中突然覺得空虛寂寞。

文枝像個福神，她將福運帶走。她走後梅雨不止，大雷雨造成眉溪到霧社的台車線路，處處大崩塌，製糖會社決定放棄修復，以致交通中斷多年。原木從霧社到埔里可乘坐台車，現在台車只通行於埔里到眉溪，從眉溪到霧社得辛苦步行了。

由埔里高等科井出秀勝級任老師教授畢業的五個學生，沒有辜負老師辛勤的指導，同時考取了台中師範。師範教育方式軍事化，生活起居一切聽號令作息。學生們一律住校，假日外宿要登記。每個老師中規中矩嚴格教導學生。學長個個如師長，看不順眼學弟妹的言行舉止，可拳打腳踢規勸。

我就讀台中師範一年級的暑假，昭和四（一九二九）年七月底，荷戈社兩對最優秀的青年，在霧社分室石川源六巡查主任撮合下結成連理，同時在荷戈舉行泰雅式盛大的婚禮。達給斯．諾賓（花岡一郎）畢業於台中師範講習科，當乙種巡查，任職馬赫坡蕃童教育所，他娶歐賓．那烏依（川野花子）為妻；達給斯．那烏依（花岡二郎）埔里高等科畢業，任職霧社分室警丁，他娶荷戈社頭目達達烏．諾幹之女歐賓．達達烏（高山初子）為妻。

同年十月二十七日，霧社山之祭典時，殖民政府為向世人宣揚理蕃成效，花岡一郎和川野花子，花岡二郎和高山初子再度於霧社能高神社，在高官雲集賀客盈門下舉行日式婚禮。這個消息被《台灣日日新報》大肆宣揚。其實花岡一郎和花岡二郎完全沒有血緣關係，倒是川野花子是高山初子的姑表姊。

有一次，母親到校探望我，向校方申請外宿後，隨母親去拜訪安達健治叔叔一家。父親回日本後約半年，安達健治巡查部長從萬大駐在所調到霧社分室，我們住的霧社俱樂部分配一半給安達巡查全家住。換句話說，我們下山家和安達家，和樂融融如一家人般，同居一個屋簷下長達數年時光。

有一天，見晴農場的鬥牛掙脫綑綁，衝入霧社街頭大鬧，家家驚慌懼怕，緊鎖門戶，後來，警察持槍圍捕槍斃鬥牛後，分食其肉。此事被農場人員告發抗議，安達部長便一肩扛起責任，引咎辭職。

後來，他被台中州廳的土木課雇用，全家住在南台中。母親帶我到安達叔叔家時，他們全家人都很高興。叔叔要求我每個週末住在他家，幫忙指導正子、義子、忠、節子課業，我們又情似一家人。直到發生霧社事件，曾在霧社分室服務過的警察們，都被徵召回霧社分室，以便駕輕就熟的處理理蕃事業。安達叔叔在霧社事件後，率領事件遺族遷移到川中島，也就是現在的南投縣仁愛鄉互助村清流。

師範生涯最累人的是每年度的繞台中市八周接力賽，和台中、彰化之間往返的馬拉松賽。練跑期間，穿著運動裝，腳綁沙袋，就可不假外出練習長跑。

昭和五年十月底某天黃昏，我汗流浹背地由校外練習長跑回來，晚餐後，走到晚自修室，有幾位同學來說：「你們霧社好像發生相當重大的事件。」我想：高砂族已降服十五年，治安早已平穩，再發生事件，頂多是殺樟腦工人、偷牛之類的吧！因此根本沒放在心上。

次日黃昏，我又衝向台中市區練習長跑，跑到台灣新聞社前，擁擠的人群在搶「號外」，我也好奇的擠進人群，搶一份號外來看，不看則已，一看我差點嚇昏了。原來霧社真的發生驚天動地、震驚國內外的大事件啊！

想到住在霧社的母親和靜子妹妹也許都被殺了，我焦躁憂慮。想到佐塚昌男的父母和小弟弟可能也被殺了，我拿著號外就往台中二中跑，昌男看到號外愣傻不語，我倆再到台中高女將號外遞給佐塚佐和子看，我們三人都心急如焚不知所措。

我和昌男跑到火車站，想立刻回霧社看看，但是往埔里、霧社的車道全部封鎖。大塘義父也完全沒有我們親人的消息。安達叔叔已被徵召回霧社。我們只能從報上得知些重要的消息，知道霧社蕃區已進入戰況。

渾渾噩噩，只想找到回家管道地渡過了漫長的一個月，終於輾轉從東勢郡送來家書，那封信是馬烈巴駐在所淺野巡查部長所寫的。「看到霧社事件的消息，你一定認為母親和妹妹已被殺死而哀痛。其實你母親和小妹已安全的從埔里來到馬烈巴，她要你安心的注意健康專心課業。你們親人唯一受害的是小姨媽利德克・道雷，她因被令堂裝扮成日本姑娘遭到誤殺，被兇蕃以竹槍從尾椎深刺入腸，現在還躺在霧社醫務所治療。」看完此信，總算放下心中的大石。

佐塚昌男很慘，從報上得知父親在霧社公學校的邊坡被砍頭，母親和弟弟音訊全無，因焦慮患上憂鬱症，原本是台中二中的高材生，卻連續兩年留級而遭退學。阿宏鼓勵昌男轉考嘉義農業實驗所，將來一起獻身台灣山地的農產品改良事業。

昭和六（一九三一）年的年假，我和阿宏、昌男終於結伴回到埔里。亞娃依阿姨被母親綑綁到我家照料，生活起居依賴我母親和敏子。她常以癡呆無神的目光凝視人，而且居然連自己的兒子也不認識。她時而發出驚恐的怪叫聲，手腳亂舞。聽說嚴重時，還會掙脫綑綁，自己脫光衣服往街上亂跑。為了照料她，母親被她打得遍體瘀青，看得我十分心疼。

屋漏偏逢連夜雨。亞娃依阿姨的丈夫被殺，次女豐子偏挑這時得了急性肋膜炎割除兩根肋骨。丈夫的撫卹金，被從長野縣來的小叔以送佐和子到法國巴黎學音樂為名全數帶走。可憐命運多舛的亞娃依阿姨，遭逢與親人生離死別的愴痛，不發瘋才怪吧！

井上文枝五歲隨當警察的父親井上昌來到豐原，六歲時父親調到霧社分室巴蘭駐在所，全家安頓在霧社的警察宿舍。（右二井上文枝）

下山一和井上文枝就讀霧社小學校時，兩人一直都是當班長。（前右井上文枝，後中下山一）

川野花子（右，歐賓・那烏依）與高山初子（左，歐賓・達達烏）是姑表姐妹，昭和4年10月27日山之祭典時，在霧社能高神社與花岡一郎、花岡二郎舉行盛大的日式婚禮。

擅長短跑，對長跑並無自信的下山一，在台中師範年度馬拉松比賽中，由中師往返彰化，居然也都能自大岩榮吾校長手中獲頒獎狀。

花岡二郎（上，達給斯・那烏依）是下山一埔里高等科的學長，花岡一郎（下，達給斯・諾賓）則是他台中師範的學長。二位都是荷戈社的優秀青年。

安達健治家與下山治平家結緣極深，從馬烈巴駐在所到霧社警察宿舍都是好鄰居。霧社事件後率領六蕃社遺族遷移至川中島的即安達健治警官。

埔里高等科級任井出秀勝是下山一的偶像，他樣樣精通，教學負責認真，富熱誠有愛心，堪稱模範教師。當下山一畢業那年，台中師範學校錄取榜單上，在他免費額外輔導下，下山一等五名上榜。（井出老師全家福）

昭和7年台中師範畢業前，下山一的班級全體在台中能高神社前合影留念。（第三排左二為下山一）

埔里高等科一年級結業照。照完此照後井上文枝回東京讀書；荷戈社的高山初子和川野花子，奉日警安排輟學準備嫁給同社的優秀青年。（學生第一排左一高山初子，左二井上文枝；第二排左一川野花子）

第九話

回到霧社事件現場

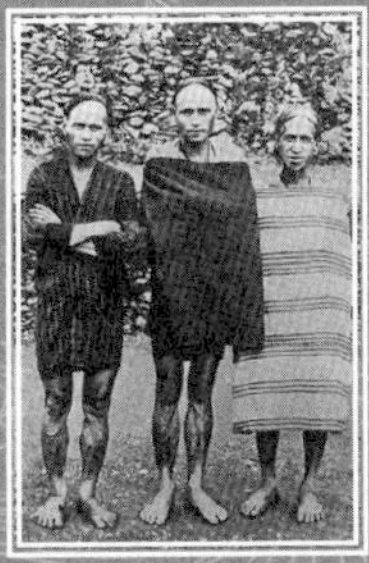

美如天堂的霧社，經過人間大浩劫，遍地瘡痍，只留下處處被燒毀的房舍。那時已不見軍隊蹤影，但是警察隊處處嚴格把關，其餘都不見人影……

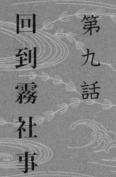

我和阿宏、昌男決定設法回去看看霧社事件現場。

首先借警察電話打給又回任霧社分室主任的高井九平警部，途中被牙山派出所警備的巡查阻擋。我們告訴他是高井主任答應我們可以不用申請入山證，直接回霧社看看。巡查以電話查證，才讓我們進入戒備森嚴的霧社蕃區。

美如天堂的霧社，經過人間大浩劫，遍地瘡痍，只留下處處被燒毀的房舍。那時已經不見軍隊的蹤影，但是警察隊處處嚴格把關，其餘都不見人影。回到敞開大門的家，裡頭空蕩蕩的，只留下沾滿血跡的蚊帳，和父親在馬烈巴時親手所做，而今染血的長衣櫃、櫸木圓飯桌而已。後來聽母親說：「那些血都是利德克被竹槍刺傷時所流，因沾血沒人敢要才留著的。」

我們三人由霧社分室走向事件發生重地的公學校，沿路只見持槍的警察和少數巴蘭社的人影晃動。突然從一間教室傳出怪聲，不知裡頭發生何事？好奇的我們拾起石頭丟向教室，怪聲靜止下來，只見一個警備，邊穿褲子邊探視外頭，幸虧他沒發覺我們。接著一個衣裳不整的蕃婦，揹著嬰兒，神色慌亂幾近逃難的，衝向巴蘭社的陡坡而去。

霧社事件原因之一是，日本軍警強暴高砂族婦女。昔時，泰雅族民風純樸保守，婦女若被強暴，女方的家族是可以因此去砍取男方的頭顱，為她報仇的。

就算食色性是男人本色，霧社事件才過兩個多月，這個好色無恥警備的行為，真是令人氣憤填膺。不同的時代背景，孕育各種不同的事件。我的父親曾是日本警官，母親是泰雅公主，而這是發生在昭和五（一九三〇）年泰雅族賽德克人一日之間殺死一百三十二個日本人的霧社事件。讓我打開記憶的盒子，簡單扼要的記述如下：

十月二十七日，是全台灣神社祭拜殖民之神與南鎮之神北白川宮能久親王之靈的日子。霧社分室每年以「山之祭」的名義，於十月二十六日、二十七日兩天舉辦盛大特殊的活動。二十六日是各社、各校的學藝、技能競賽，二十七日則是運動會和趣味競賽。

霧社分室管轄區內的高砂族，不分男女老少，都會聚集到霧社參加山之祭典。神祕的台灣高砂族面貌、服飾、技藝等活動，吸引本島、內地、國際人士與媒體爭相來觀賞。山之祭典的名聲越傳越遠，聞訊來觀賞者也越來越多。

前面所提（見五三頁），日警以夷制夷，曾利用干卓萬社民，誘殺霧社最大的巴蘭、荷戈、羅多夫三社壯丁一百三十多人，其被殺壯丁的兒女，事隔二十七年都長大成人了，他們為親人報仇雪恨的念頭，暗藏心中，從未消除。

馬烈巴駐在所主任佐塚愛祐，於昭和五年三月調升為霧社分室主任，帶其妻白狗蕃馬悉多翁社公主亞娃依・泰木夫人（改名佐塚八重子）來上任。霧社蕃和白狗蕃原本就是宿敵，討伐沙拉冒之役時，霧社蕃馬赫坡社頭目莫那・魯道被馬悉多翁壯丁殺成重傷，宿怨加新仇，加重馬赫坡壯丁想報復的念頭。白狗蕃公主之夫婿升任霧社分室主任一事，使馬赫坡社民十分不悅。

偏偏佐塚愛祐上任後，不顧民間疾苦，義務勞動增加許多，像是修繕駐在所、築吊橋道路，新建埔里的蕃人宿泊所等。霧社事件的導火線，就是由義務勞動搬運整修霧社公學校宿舍、小學校教室及宿舍的材木問題所引發。

這些檜木砍自馬赫坡社、波阿龍社的最佳狩獵區，地點在雲龍吊橋上方到波阿龍社前。砍伐材木的輕勞動交給道澤社、德鹿谷、波阿龍社丁負責，他們能按時同工同酬領工資。搬運材木的重勞動則由巴蘭社、荷戈社、馬赫坡社、羅多夫社的壯丁負責，責令不可用傳統方式將材木滾落下山，必須揹負下山，不依其要求就被痛罵為懶惰蟲，動輒得咎，為此經常被日警以皮鞭猛抽打。所領工資同工不同酬，有些還只以少數物資搪塞，更有些人一直領不到酬勞，因此引發霧社蕃民之憤懣。

昭和五年十月七日，波阿龍青年瓦旦・賓娶同社魯比・巴萬為妻。莫那的長子達達烏・莫那幫忙殺豬、分豬肉給親戚們。內臟、頭、尾切小塊煮湯，供親友飲酒配食。黃昏時候，馬赫坡製材所的吉村克己巡查工作完畢，出現於婚宴場，酒醉的達達烏・莫那熱情的舉著裝滿小米酒的竹酒器，來迎接吉村巡查：「吉村你來了，來來！我們來『愛諾米*』，愛諾米是我們泰雅習俗，雙人臉貼臉共飲同一竹酒器內之酒，這是我們泰雅表示歡迎、尊敬、友好之意喔！」

不料達達烏歡喜舉起的酒器，兩度被吉村以警棍打落，酒潑灑達達烏一身，吉村還破口大罵：「骯髒不衛生，你們蕃人雙手沾滿豬血，也不先洗個手，就抓肉吃。舉起竹器喝濁黃不乾淨的酒，真是太骯髒了！」好心反遭責罵辱打的達達烏，揮手猛打吉村，雙方互毆時，其弟巴沙烏・莫那也踩著醉步來支援其兄，兩兄弟把吉村打成重傷。

莫那・魯道自知日警將他列入不良蕃，看到吉村被自己兒子打成重傷十分不安。三度持著米酒，請馬赫坡駐在所杉浦孝一巡查幫忙，一起去向吉村道歉，請吉村原諒其子魯莽酒後失態將他打傷。但是高傲的杉浦巡查不理不睬，甚至避而不見。害莫那全家人，時時生活在不安、心驚膽顫於可能全家人隨時會被日警處死的陰影中，而惶惶終日。

莫那之所以被列入不良蕃的名單，純粹是因為酒後愛發牢騷失言所致：「我妹妹帖瓦斯・魯道嫁給日本警察近藤儀三郎，日本政府為什麼不重視這件事？把近藤調到花蓮，騙我們他失蹤，什麼跌落海中、掉入懸崖、被熊吃掉，狗屁不通，這一定是日本警察欺侮我們。可惡的日警，膽敢對我可愛的妹妹始亂終棄，我一定要替她報仇！」

「討伐沙拉冒之役！我被白狗蕃殺成重傷，可惡！這一定又是日本以夷制夷的策略，白狗蕃！紅頭！想殺我沒那麼容易，總有一天我要殺光可恨的紅頭日本人。」

＊愛諾米是日文「合飲（あいのみ）」的音譯。

十月二十四日，荷戈青年羅巴歐・巴萬娶羅多夫社的阿烏依・貝翁為妻，狂歡醉酒後，個個開始狂罵日本警察殘暴無道、處事不公平，以頻繁的義務勞動壓榨社民的勞力，不顧百姓疾苦……等。冷眼旁觀的比荷・瓦利斯、比荷・沙步堂兄弟見此情景，覺得報仇雪恨時機已成熟。這兩人同被日本警方列入不良蕃的名單中。

比荷・瓦利斯是日警最頭痛的不良蕃。當他十二歲的時候，其父瓦利斯・羅巴殺害本島人腦丁（樟腦工人）後，逃回荷戈家緊鎖家門頑強抗拒日警拘捕，於是日警放火燒其屋，一家九口只有比荷・瓦利斯因外出倖免一死，變成孤兒的他恨透日本人，埋下伺機報仇殺日本人的種子。

後來比荷・瓦利斯強暴他人妻，被日警嚴刑拷打，其妻為此羞愧上吊身亡。從此比荷・瓦利斯鬱鬱寡歡，苦思早日報復殺光日本人的策略。

同是三十一歲的堂弟比荷・沙步，四歲時，在日警以夷制夷的政策下，干卓萬人誘殺巴蘭、荷戈、羅多夫人於姊妹草原，其雙親皆因此亡故。自幼性情乖戾凶暴，常偷取他人財物，屢遭日警毒打，造成他反官恨日本人的心態。長大後為報父母之仇，入贅到接近干卓萬社的萬大社。大正十四（一九二五）年三月，參加萬大社出草干卓萬姊妹草原，砍取三個布農族人頭，被日警處一個月勞役。昭和三（一九二八）年又參與出草干卓萬的計畫，被發現又遭日警重毆，因此恨透了日本人。其妻魯比・娜娃依見他屢屢出事又好吃懶做因此休夫，他惆悵地離開五歲的兒子，想到自己的坎坷多舛命運是日警造成的，亟思報仇雪恨。

婚宴中，比荷兄弟偷偷邀請最仇恨日本人的同志，以到比荷・瓦利斯家續飲之名，八人聚集密商抗殺日本人策略。

大家共認十月二十六、七日是日警空窗期，他們勢必忙於舉辦山之祭典的活動，所以日期就敲定山之祭典的十月二十七日。地點鎖定霧社公學校。講好之後，八人分頭連夜去探訪各社頭目，期望共襄盛舉。各社頭目大部分都決定保持中立，只有六社願參加抗日事件，包括：荷戈社（春陽）、馬赫坡社（廬山溫泉）、波阿龍社（廬山部落）、塔羅灣社（春陽溫泉）、羅多夫社（仁愛國中）和斯庫社（荷戈、波阿龍、羅多夫社之間，現無存）。八個荷戈青年以及志願參加抗日的各社頭目，在比荷・瓦利斯家，公推英勇善戰、善於謀略的莫那・魯道為總頭目，祕密商訂抗日的種種細節，準備迅雷不及掩耳的按照計畫展開轟轟烈烈的抗日霧社事件。

十月二十七日大約凌晨三點，達達烏・莫那首先率眾發難，砍殺馬赫坡製材所的吉村克己、岡田竹松二巡查。同時馬赫坡駐在所的杉浦孝一巡查也被巴沙烏・莫那砍下頭顱，交給其父總頭目莫那・魯道。切斷電話、搶奪武器後，莫那高舉杉浦的頭顱，大聲呼籲馬赫坡眾壯丁團結一致殺向霧社。

這時馬赫坡、荷戈起事的蕃丁，早已按計畫分頭到霧社分室管轄區內的各駐在所、監督所去殺所有的日本人，搶奪武器，並切斷電話後，一起攻向霧社。

潛藏在霧社分室右下方哈望溪上方叢林密處的蕃丁，得知參加山之祭典的主要官員能高郡守小笠原敬太郎和霧社分室主任佐塚愛祐已朝公學校去的訊息，偷偷侵入霧社分室，見人就殺，先切斷電話線，迅速搶奪所有武器彈藥，再立即隱身叢林，朝公學校前進。

霧社公學校的運動場，擠滿了來自各社和國內外來賓及媒體。霧社小學校、公學校和各社蕃童教育所的學生，站在運動場上唱日本國歌，日丸旗隨歌聲冉冉上升之際，如雷般的三聲槍響劃破晴空，接著賽德克蕃丁手持蕃刀、刺槍、槍、弓箭，喊殺聲震天地從四面八方湧進運動場，看見日本人就馘首，整個校園頓時風雲變色、血流成河，變成人間地獄，人們如臨世界末日般的狂叫亂竄。

襲擊霧社公學校的是巴沙烏・莫那率領的青壯組，他們殺紅了眼，只要見到日本人，不分男女老幼一律馘首。

公學校新原重志校長大聲吶喊：「蕃害了！大家快躲進我的宿舍，我會保護大家。」急如鍋蟻的母親從觀眾席衝入學生群中，找到靜子就躲進校長家。她把靜子藏進廚房的大水缸加蓋。看見井上昌三（我未來的小舅子）和其遠從東京來參觀山之祭典的堂兄想躲進天花板，就順手幫忙。

這時，傳來新原校長怒聲斥責追凶的聲音，他以身阻擋凶蕃進屋，結果遭竹槍刺入咽喉，不幸罹難。

凶蕃舉著蕃刀、刺槍見人就殺。母親垂頭閉目，坐在廚房一隅等死，默祈巫毒浮保佑靜子不被發覺。一個舉刀的蕃丁，看到家母額頭上的刺青，托起母親的下巴，高興地說：「嘿！妳是貝克嘛！太好啦！妳們母子被日警拋棄一定恨透日本人。我立刻護送妳回去，請以妳高貴公主的影響力，勸白狗蕃、馬烈巴蕃、沙拉冒蕃、西卡瑤蕃共襄盛舉，響應殺光日本人之舉。」兩個蕃丁護送母親和靜子到見晴農場，再三叮嚀快去策動殺光日本人後，回頭往霧社方向奔去。

冤冤相報何時了，母親自幼最討厭出草殺人之舉，她看到來犯的蕃丁遠去，便帶著靜子走下哈望溪，沿溪走出眉溪乘台車回埔里。

新原重志校長十坪大的宿舍內，堆積了二十八具屍體，連同其附近共超過五十具屍體。其中四十具年歲未滿十五，甚至包含尚在吃奶的嬰兒。此處是堆積屍體最多的地方。

總頭目莫那・魯道率領老年組，潛伏在羅多夫社的叢林內，聽到三聲槍響，先襲擊羅多夫駐在所後，往霧社街頭衝，去殺霧社分室、警察宿舍、郵局、日本人開的商店、住家等地。郵政局長和單身宿舍兩廁所內堆積了十九具屍體，這是屍體成堆第二多的地方。

總之，霧社六社蕃丁三百多人，一日之間殺掉霧社蕃區內一百三十四個人，除兩位本島警丁以外，一百三十二人都是日本人的重大案件，這就是震驚國際的霧社事件。兩位被殺的本島警丁，一個是被誤認為日本人，一個是一向以警丁身分傲慢欺壓蕃人，才被殺害。

霧社蕃最仇恨的分室主任佐塚愛祐，才逃入公學校旁邊坡地上的松林就被砍頭了。能高郡守小笠原敬太郎在運動健將菊川孝行視學（督學）守護下，往眉溪方向跑去，跑約一公里時喘著氣說：「你別管我了，快逃命去求援吧！」小笠原郡守跑入第二大彎的草叢想躲藏時，被追來的羅多夫社二十歲的瓦利斯・巴卡哈槍殺身亡。

次年霧社事件的遺族被強迫遷居川中島後，瓦利斯・巴卡哈被族人告發，於十月十五日的歸順儀式中，被能高郡警察署（埔里）逮捕歸案。

小笠原郡守殉難之地則立一塊「故小笠原郡守遭難之祉」的碑位，一九七九（民國六十八）年八月強烈颱風時，土石滑落掩沒這塊碑位。

菊川孝行視學使出吃奶的力氣，飛奔到眉溪駐在所，首報霧社蕃區發生重大事件。午後軍機就飛臨霧社上空，偵察情況並投下爆彈。

十月二十九日，台中州警務部長三輪幸助被任命為霧社搜索隊長，和台南高井九平部隊占據霧社櫻台，開始進行搜索任務。台南工藤部隊向巴蘭社進攻。十月三十日台灣守備隊司令官陸軍少將鎌田彌彥，率領鎌田支隊救護班，設立野戰病院救助傷患。

事發當時，躲進新原校長宿舍天花板的井上昌三堂兄弟，黃昏時候，遭起事的蕃丁以刺槍猛刺天花板而受驚。次晨天剛亮改躲廁所茅坑，又遭刺槍、蕃刀攻擊，幸虧又死裡逃生。二十九日聽到三輪搜索隊的廣播，擔心是陷阱不敢現身。三十日聽到鎌田救護班的廣播，雖然還是不敢相信是日本救護班的來搭救，但是三日皆沒進食，再不現身豈不是餓死茅坑無人知？雙人細聲商量後，拖著虛弱的身子爬出茅坑求救，才得以倖免不死。

井上昌三的父親井上昌（我未來的岳父）當時任職三角峰監督所（立鷹瞭望台），其妻片桐喜久在東京時是護士，來到欠缺醫藥的霧社蕃區，常自備各種家常藥品救助高砂族。

發生霧社事件的凌晨，道桀社和巴蘭社壯丁破門蜂擁進入監督所，把井上夫妻和一兒一女*還有石川嚴警丁緊緊綑綁，切斷電話線路後，笑著說：「井上夫人是我們的救命恩人，所以我

*一兒是井上修，一女是井上春代。

們不殺你們。忍耐一下吧！以後你們會知道我們是來報恩的。」說完揚長而去。

井上昌巡查夫妻看到就讀霧社小學校的次子昌三和來自東京的姪兒，被鎌田救護班所救，躺在野戰醫院，喜極而泣。昌三心有餘悸地說：「我倆差點在運動場被馘首。在東京行醫的伯父躺臥鮮血中，要我們把頭埋進其「哈卡瑪」（昔時日本男人的裙子），假裝已經沒有頭了。不久伯父的頭被砍。是伯父犧牲自己的性命來保住我倆的性命啊！」

但是全身被鮮血汙染的兩個孩子，驚嚇過度，藥石無效，奄奄一息。於是井上巡查獨留台灣，其勇敢的妻子一個人帶著重病的兩個孩子，加上春代、修共四個孩子回東京去了。

三十日當天，松井大隊攻克羅多夫、荷戈、塔羅彎、斯庫四社。後藤部隊從花蓮越過能高越嶺道到達屯原後，攻克波阿龍社。這天霧社搜索隊在波阿龍社和馬赫坡社的叢林內發現一群老幼婦女吊死於樹的慘狀。賽德克人自稱祖先發祥自塔羅彎的一棵大神木，因此自殺方式傳承吊掛樹上表示回歸原祖。

川西警部和安達健治警部徵召道澤、德鹿谷、白狗、萬大社的味方蕃成立奇襲隊，利用五百多名蕃丁，採用以夷制夷策略，進入深山和敵蕃展開激烈的叢林浴血戰，追殺凶蕃。

十一月三日，馬赫坡的糧食全部被味方蕃燒光，他們只好退入馬赫坡的深山蠻荒天然大岩窟附近，繼續抗戰。

十一月六日，戰鬥機飛抵馬赫坡上空砲擊岩窟，掩護味方蕃入山緝拿凶蕃。馘首獎金如下：莫那・魯道特別獎。勢力者比荷・瓦利斯、比荷・沙步、達達烏・莫那、巴沙烏・莫那二百元。頭目一百五十元。壯丁一百元。婦人三十元。孩子二十元。

十一月七日，鹿港飛行基地在埔里另建一個埔里臨時機場開始啟用。屏東機場的戰鬥機來支援。

當日，日警在荷戈社第四班東南方荷戈溪（濁水溪）邊一座叫小富士山（原名司庫列坦，因形似日本富士山而得名）的山頂上，發現樹上懸掛了二十具屍體，經花岡初子指證，這些人都屬花岡一郎、花岡二郎的家族。其中穿日警制服、腰掛二把蕃刀的，就是其夫花岡二郎。草地上也發現並排枕臥了三具屍體，包括穿日警制服切腹自殺的花岡一郎和疑似被其砍死的一歲兒子輝雄與愛妻花子。花子盛裝穿著當初與花岡一郎結婚時所穿的日本新娘服。日方原本高度懷疑霧社事件的主謀是花岡一郎，但事件後約三天，發生除花岡初子以外兩家族全赴死的慘烈狀況，而穿和服者皆覆蓋泰雅衣物，意味身為泰雅族人成為日警者的無奈和苦楚，因此洗清嫌疑，小富士山後來也改名花岡山。

根據花岡兩家族唯一生還者初子所言，霧社事件前一日，花岡一郎一家三口從馬赫坡駐在所到霧社住在她家。發生霧社事件後兩天，兩家族聚在小富士山準備全體集團自殺謝罪。當時其夫花岡二郎悲傷地說：「妳是懷有三個月身孕的婦女，日本人也許不會殺妳，為了保存我的後代，希望妳能活下去。沿著濁水溪而下，再爬到巴蘭社找我們的親戚巴蘭社頭目瓦利斯・富尼，設法找到霧社分室的石川源六巡查，我想他可以保護妳。」果如花岡二郎所願，其妻遷居川中島後真為花岡二郎產下遺腹子花岡初男（高光華）。

當初子從巴蘭社回到霧社分室的警察宿舍，赫然發現牆上留有花岡一郎似遺書的筆跡「花岡倆」，內容提到：

我們不得不離世而去。蕃人的公憤引自太多的義務勞動，才會引發大事件。我們也被蕃人所牽連，誠實無奈。

十一月八日，飛機投下催淚瓦斯彈。

九日，有些人受不了瓦斯味出來投降，有些人吊死。

十一日，羅多夫凶丁波赫達・瓦利斯等八人，埋伏在哈望溪，殺死味方蕃道澤社頭目泰莫・瓦利斯等十七名和重傷七人。埋下造成第二次霧社事件的潛因。

十六日，日本軍警以大砲轟炸山區，飛機投下六千多張粉紅色的「降服勸告單」，內容為：「快點出來，投降者不殺，投降者放下槍枝，高舉雙手，到馬赫坡蕃社來。」十天內有五百多人投降，大部分是老弱婦孺。

十一月二十日，川西警部指揮下，味方蕃在馬赫坡的森林岩窟周圍發現集團自殺現場，有一百四十多個屍體吊掛樹上，似乎每一家人懸掛同一棵樹。掛最多吊屍的那棵樹有十六個人，真是慘不忍睹。

二十一日，飛機投下特製生化毒氣彈，吸食者嘔吐，皮膚起泡潰爛，嚴重的窒息而亡。

十二月四日，許多人出來投降，包含莫那・魯道的養女馬紅・莫那。她將是莫那・魯道家唯一的生存者。

八日，日警準備六瓶酒，請馬紅・莫那揹到深山，勸她的家人出來投降。遇到其長兄達達烏・莫那，馬紅將六瓶酒交給其兄，勸他不要再頑抗，快出去投降。達達烏・莫那沉默苦悶地將六瓶酒喝完，然後唱起傳統悲壯的絕世歌，接著舉槍對空將子彈射光，神情黯然地遁入深山上吊自殺。日警原本設計生擒莫那家人的計謀，功敗垂成。

同日，莫那・魯道將居住茅屋內的妻子和兩個孫子槍斃。為了不讓日警認出其家人，一把火燒盡茅屋。然後召喚次子巴沙烏・莫那，委託他繼續領導族人抗戰到底，說畢昂首爬進雲掩霧鎖人跡未踏之山頂，三聲槍響後就死寂了。巴沙烏為防其父的屍體被發現，強忍悲痛，爬上山頂將其父草覆土葬。打起精神再回戰場，繼續領著族民和日方作戰，可惜不久也壯烈成仁。十二日，比荷・沙步被眉溪駐在所的警察逮捕。比荷・瓦利斯悲憤自殺身亡。

霧社事件發生後四十七天，日本政府出動眾多軍警，以優勢武力、毒氣鎮壓敵蕃，加上以夷制夷的策略，總算將亂事平定。

為了討伐三百多名反抗的蕃丁，日方出動一千三百二十名正規軍人、警察一千一百六十三名，味方蕃一千三百八十一名，總共動員三千八百六十四人，才以眾擊敗敵蕃。因此，平定亂事後，台灣總督石塚英藏立刻引咎辭職。

反抗日本的六個霧社蕃社人口數原本有一千二百三十六人，經過討伐之後僅存五百十四人出來投降。這些人以保護蕃的名號收容於：西寶社（今眉溪，一百九十八名）、羅多夫社（今仁愛國中，一百九十五名）、斯庫社（現無存，一百二十名）。除花岡二郎之妻初子以外，都被監督保護。

抗日霧社事件才過約半年，孰料一波才平一波又起。霧社再度發生事端。

道澤社的頭目泰莫・瓦利斯參加討伐霧社事件戰役時，在哈望溪被霧社蕃馘首。他們為了替頭目等十八名被殺死的族人復仇，昭和六（一九三一）年四月二十五日深夜，出草襲擊收容保護蕃的羅多夫社和西寶社，砍走一百零一個頭顱，放火燒死九十六人，在樹上自殺吊死了十九個人，這些霧社事件的遺族一夜死了二百十六人。這就是第二次霧社事件。

日警為防患蕃族間互相報復，仇殺霧社事件遺族，以必須隔離保護之名義，強迫這些遺族離鄉背井遷移到川中島（今南投縣仁愛鄉互助村清流）。僅剩的二百九十八名遺族，由安達健治警官率隊，從霧社步行到眉溪，搭乘台車到埔里換車到小埔社，再步行翻過八幡峠（五票坑）往北港溪方向走，夜宿荒野，次日步行到梅林再向前走，接著向左邊渡過北港溪上架的吊橋，才到達目的地。

這個被高山和北港溪包圍、日警監督管理的川中島，原屬客家人聚落，日方全數買下來安置霧社事件的遺族。他們故鄉的土地，則分賞給有功於日本的味方蕃們。

昭和六年十二月一日，於埔里能高神社舉行參與霧社事件六社代表的和解儀式，在以泰雅傳統埋石立誓順服不再反叛之下，霧社事件總算落幕了。

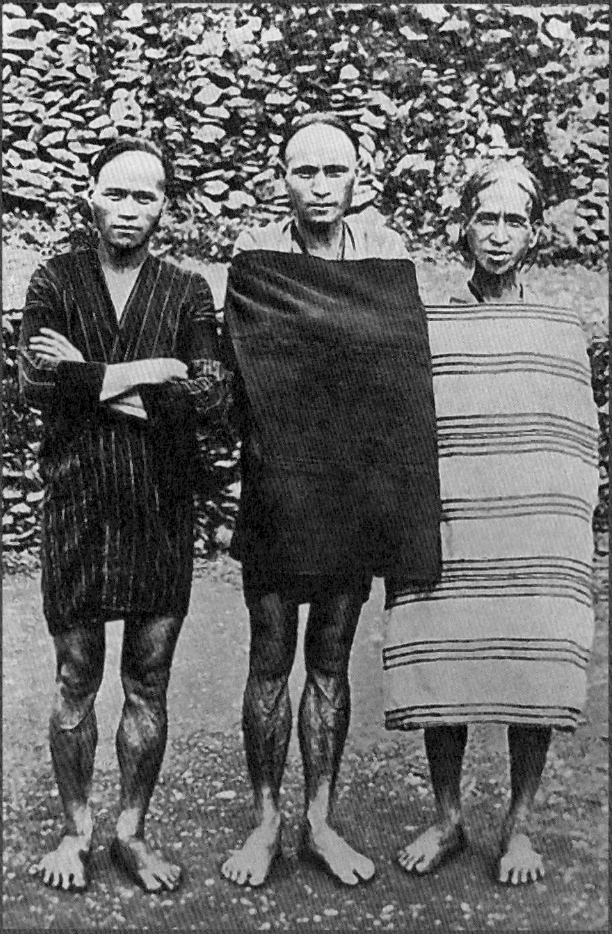

霧社事件主謀策劃者莫那・魯道（圖中）

霧社分室佐塚愛祐主任不顧民間疾苦，加重義務勞動，引發蕃民不滿，成為霧社事件導火線。（坐者左四佐塚愛祐）

昭和5年3月31日，佐塚愛祐從馬烈巴駐在所主任高升為霧社分室主任。分室左前側的大榕樹是昭和天皇親手種植的。

泰雅人表示慶賀、友好時，雙人共飲一竹酒器內之酒，以日語稱為「愛諾米」。

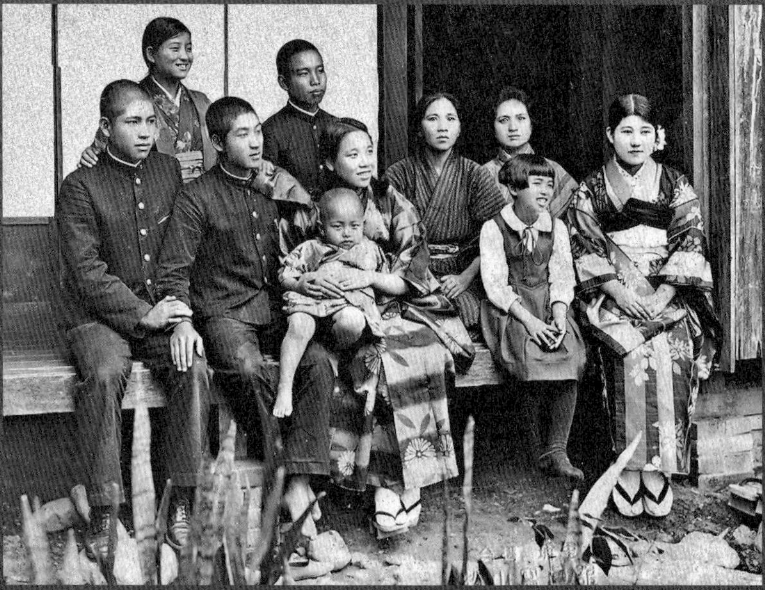

佐塚昌男好不容易年假回埔里，其母瘋得厲害，和豐子、晃男都暫住隔壁的下山家，由貝克照料。（前排左起：下山宏、一、晃男、豐子、靜子，後排左起：敏子、昌男、亞娃依、貝克）

霧社事件次日高井九平部隊首先攻進霧社，第三日鎌田支隊司令部設於分室主任宿舍。利德克被誤刺尾椎骨重傷，井上昌三堂兄弟挨餓三日後爬出校長宿舍的茅坑，都被鎌田支隊送進野戰醫院救治。

霧社山之祭會場霧社公學校，是霧社事件的重要現場。事件後無人認領的86具屍體在公學校運動場焚化。

昭和6年4月25日引發第二次霧社事件，被收容保護的霧社事件遺族被道澤蕃丁殺死或自殺者共216人。

為了防範蕃社再互相仇殺，霧社事件最後遺族298人全部被強制遷徙到川中島（仁愛鄉互助村清流）隔離保護。

埋葬日人罹難者遺骨的慰靈塔「霧社事件殉難殉職者之墓」，民國61（1972）年中日斷交此塔遭破壞。

霧社小學校畢業生昭和5年8月召開首次同學會，豈料兩個月後發生霧社事件，照片中的新原重志校長、梶原音吉老師、校友小林道子、奈須也綾子皆於事件中喪生。

霧社事件後靜子從霧社小學校轉學埔里北小學校。下山一和下山宏年假時終於見到母親和妹妹們。（左起嘉義農校的下山宏、靜子、貝克、中師的下山一、敏子）

引發國際注目的霧社事件，當年參與者被稱「凶蕃」，戰後成為「抗日英雄」，政府於霧社建「碧血英風」紀念碑。

霧社事件遺族阿烏依・黑巴哈（高愛德）的手稿，由下山一、藤井志津枝、許介鱗校對後日本草風館出版《霧社事件証言》。日本和泰雅族混血的下山一在此書中詳述其所見聞。

第十話

邂逅以愛報仇的貴人

淚溼衣襟的我，再也無法壓抑對父親的思慕與愧咎，衝出分室奔向郵局後方高台邊，我高聲吶喊：「爸爸我錯怪您了。爸爸對不起！」

自從進入師範學校，每個學生每學期*都從公費的零用錢中扣五元，由校方保管，作為人人期待三年級畢業前的秋季到內地修業旅行的費用。

奇怪？我明明恨透父親遺棄我們，卻又萬分期待修業旅行快到。渴慕會見在東京等我、睽違六年多的父親。

修業旅行出發前，大岩校長把我叫進校長室說：「對不起！我接到總督府理蕃課的公文，為預防你見到父親後，滯留日本不肯回台灣，這樣你母親就太可憐了，要校方阻止你參加修業旅行。」校長硬退三十五元給我時，我欲哭無淚，雀躍歡愉的心一下子從天堂掉進地獄。

我恨透了自己的命運。「我能出生到人間是因為有父母。我無法參加內地修業旅行，是因為父親在內地的緣故。」怨恨父親的心又高漲起來。成也理蕃課，敗也理蕃課，原本非常感謝理蕃課助我進台中師範的心，開始被「恨」滲透。

我強忍淚水，心不甘情不願回到埔里。可憐的亞娃依阿姨好像康復如正常人了。她接到霧社分室聘為白狗駐在所囑託的公文。我正要去馬烈巴看媽媽，於是順便幫忙揹著三歲的佐塚晃男，陪阿姨走到白狗駐在所就任。

兒子修業旅行受挫淌血的心，惟有母親最了解，她以其體驗相勉：「越悲哀痛苦，越要運動、勞動、做善事，讓自己消耗體力，忙碌得沒時間悲哀痛苦。」

為消除我心中的痛和恨，母親講述井上公醫的故事給我聽：

井上彌之助於明治三十九（一九〇六）年到台灣花蓮玉里的樟腦會社當技術指導員。樟腦取材自他給社（卓溪）和西水社（卓清）的後山，因這兩個布農村落地理位置很接近，翻譯者說不清楚，樟腦會社只付錢給較大的他給社，西水社的人誤認被輕蔑，震怒下出草砍殺日本人。明治三十九年七月三十一日，布農族凶蕃先夜襲花蓮支廳長大山十郎等，再去擊殺樟腦會社賀田組支配者山田海三之下的日本人，井上彌之助在樟腦事務所成為無頭屍，這次事件中共砍死了二十五個日本人。

當時井上彌之助之子井上伊之助，是東京聖經學院的學生，聽到父親被台灣野蠻凶蕃出草砍走頭顱的惡耗，既悲痛父親的慘死，又憐憫同是上帝所創的人類，居然尚有生活在原始無知，彼此互相出草，仇恨越結越深，只知報仇雪恨，不知尊重、關愛、珍重他人生命與生存權的可憐人。

他數度上書台灣總督府，建議蕃民應以基督耶穌信、望、愛的精神感化導正。只要蕃民接受博愛的基督，必能產生無限的力量，改掉蕃民出草殺人的惡習。但是總督府每次回覆，對台灣蕃民應宣揚佛教教義導正惡習，嚴令禁止基督教傳入蕃區。若願為祖國獻身台灣蕃區，最需警

*日本一學年是三學期，春、夏、年三個長假後開學。

察和醫護人員。

明治四十三（一九一〇）年初，他到靜岡縣伊豆戶田寶血堂醫院去實習醫學技術。次年十月，到台灣花蓮玉里及深山最欠缺醫護人員地區行醫。他非常有愛心、耐心地為蕃人診療，同時，精神上灌輸聖經上勉勵的話語，以及指導衛生健身之道。明治四十五年四月，其妻也到台灣協助深山醫療工作。

有一天，送來一位奄奄一息的重病患，井上伊之助不眠不休全力救治，等病患身體有起色，突然痛哭告白：「對不起！井上醫師，真的非常對不起！你爸爸井上彌之助的頭顱，是我砍取的，現在我生病沒有力量，請你殺了我為你的父親報仇吧！」

井上公醫當下震住，愣了一會兒說：「我是基督徒，耶穌為拯救世人，把自己犧牲在十字架上，祂常告誡信徒『愛人如己』，也就是說：己所不欲，勿施於人。當我遇到困難挫折、迷惑傷痛，隨時隨地虔誠的向主耶穌禱告，求祂啟示我該怎麼辦。」語畢跪地祈禱。

後來他起身平靜地說：「我是帶著耶穌的愛來報殺父之仇的，如今你已告白殺我父的罪過，耶穌都聽到了。只要你謹記耶穌的話『愛人如愛己』，從此絕不再殺人，基督耶穌就赦免你的罪了。」

他又含淚悲喜的說：「今天能聽到你的告白，我到台灣以愛報父仇的願望，就達成了。」

據說這位蕃丁和受井上愛之感召的人，有些不顧政府嚴禁，偷偷受洗成基督徒，默默宣揚基督教義。也因此井上伊之助是「以愛報父仇的貴人」的名聲傳開了。

井上勞累成疾，被眼疾、瘧疾、十二指腸潰瘍、腎臟炎次第襲擊，另外，也深覺自己的醫學知識技能仍不足。大正六（一九一七）年七月回日本，一邊治病，一邊加強醫學能力。當基督教宣教士一直是他的心願。大正十一年，他一度曾隨賀川豐彥為首的基督醫療團隊重回台灣免費義診。

大正十五年四月，他在東京傳教時，在風化區遇上家父從台灣埔里妓女戶贖回帶去東京的扶給哈和姮巴斯，充滿愛心又急公好義的井上伊之助，氣憤填膺去指責家父太自私，不懂生命與生命之間的禮數。曾當過高砂族駐在所主任，更應懂得尊重、關愛、珍惜高砂族人。為何不顧人權，當起人口販子，把高砂族女性賣入東京綠燈戶賺黑心錢？任憑父親怎麼辯解，他都聽不進，還在報端大肆撻伐，斥責家父是沒良心的人口販子。

記得當我在高等科二年級時，看到井上伊之助在報上撻伐斥責家父的消息，對父親的行為感到憤怒羞愧，就去信攻訐責罵。父親回信：「人們往往只相信自己眼睛所見，不會去探究真實面。公義真理自在我心，對扶給哈和妲巴斯，我問心無愧。她們總有一天會回故鄉。真實面到時自然揭曉。」

霧社事件前，她們回來探望家母，我聽到她倆說：「治平想在東京開間泰雅文物館，因沒龐大資金開不成。年已四十的治平找不到高薪的工作，只好先做苦力，養一家五口外加我倆。他曾有意送我們回台灣，但是我們想留在東京。那時綠燈戶主找上治平要求買下我倆，他沒有答應。生活實在困難，他徵詢我們的意見：『我們身為人，要在有限的生命裡掌握自己的命運。假如妳們真想留在東京，是否到綠燈戶賺夠本錢，然後回故鄉從良嫁人，找尋幸福的未來？』我倆賺的錢，要交給他，他和仲子都不肯收，要我們自己存著。現在我們回故鄉嫁給同族的人，過著幸福美滿的生活，這都是治平的恩惠，我們實在非常感謝他。」霧社事件過後，妲巴斯夫妻帶其子到埔里探望過家母。

這位曾在報上撻伐家父的井上伊之助，於昭和五（一九三〇）年正式取得開業醫師合格執照後，再度回到台灣，先在台北市立傳染病院服務，公餘的時間到花蓮玉里，以及最深山需要他的地方，自掏腰包為高砂族義診。

父子關係真微妙。昭和六年五月，井上伊之助到霧社蕃區當公醫，母親常以囑託的身分當井上公醫的助手，到處巡迴醫療。想到這位曾在報端撻伐攻訐父親，害我們下山家為不實之事蒙羞的人，我難抑對他的怨懟。但是卻也渴望見見這位被稱之為「以愛報父仇」的奇人。

以往是受人珍重的公主、高貴分室主任夫人的亞娃依阿姨，丈夫在霧社事件殉難，撫卹金被小叔領走，還得咬緊牙關辛苦撫育昌男、豐子、晃男，現在以囑託身分回故鄉，不僅不再受人珍重，還處處受到鄙夷的眼光，更甚者，辱罵她是霧社事件的罪魁禍首，受到種種無情的刺激，其躁鬱症又發作，火燒白狗駐在所。巡查打電話到馬烈巴要公醫速去。

母親身體不適，求我陪公醫去。我終於邂逅以愛報父仇為目的到台灣蕃區行醫時，宣揚基督博愛的教義，來教化導正高砂族惡習的井上伊之助公醫。

戴著眼鏡看似瘦弱不堪的公醫，也許是被愛鞭策，健步如飛緊隨我後，到被火燒的白狗駐在所。亞娃依阿姨含著無辜的眼神被綑綁。她發出求救的眼神，凝望公醫和我，公醫說：「躁鬱症患者最忌諱受到刺激，周邊的人若能『愛人如己』的對待她，再按時吃藥，應該不會有問題才對！」

他帶著我去拜訪亞娃依阿姨的兄弟。告訴他們以強者遽變弱者的亞娃依要完全康復不再發病，端賴頭目家族的支持，大家多「尊重、關懷、珍惜」她，讓她在親情的溫馨滋潤下，慢慢恢復健康。回馬烈巴後，他寫信給在嘉義農業實驗所的昌男和彰化高女的豐子，要他們以感恩的心，常寫信表達對偉大母親的愛和關心，有空常回去陪陪母親。

我藏在內心的怨懟，敗給肅然起敬的心。這位井上公醫不只醫病還醫心。不單醫病患，同時給病患家屬人格生活教育，難怪受眾人敬愛。

邂逅這位以愛報父仇的貴人，等待參加修業旅行的同學從日本回校這段時間，我都跟隨他和母親，忙碌於奔波山區醫療。看他倆懂得珍愛生命，有一分熱發一分熱，有一分光發一分光，快樂的貢獻自己，幫助他人。

雖然我沒有受洗成基督徒，但是立誓要效法井上伊之助「以愛報仇」的寬闊胸懷，點燃我心中的光明燈，把黑暗面的失望、悲哀、嫉妒、仇恨，用愛的光明燈化盡，活出誠信、希望、關愛的快樂人生。

昭和七（一九三二）年三月，在三年級三個班級一百三十多個畢業生中，受到霧社事件和棘手的台語必修課影響，我以些微的成績輸給黃其萬，以第二名的成績畢業了。依我所填的第一志願，分發到台中市最大規模的明治小學校當教師。

我到明治小學校報到後，返回霧社媽媽身邊，分室主任高井九平找我約談，他說：「霧社事件過後，霧社蕃區非常需要混著泰雅血統的你，請你放棄當教師，改在霧社分室當巡查如何？」自幼看盡日警殘暴對待高砂族的我，早已立誓絕不當警察，因此婉然拒絕。

他又說：「那麼求你回霧社公學校教書好嗎？」我努力爭取績優分發好學校，是為了實現讓辛勞的母親和可愛的弟妹能到文明進步大都市生活的夢想。我已到台中市明治小學校報到過了。換句話說，我的希望已成真，因此也搖頭拒絕。

這時他打開保險箱，翻出一大疊厚厚的「最密件」公文，我看著看著淚水不禁流了下來。

原來父親和母親的婚姻，是五年理蕃計畫下的政略婚姻。總督府理蕃課和父親訂「娶蕃邦公主三年內致力理蕃事業後，隨時可以拋妻棄子」之約。父親是婚後十五年餘才離開母親返回日本。那麼我們家不幸的遭遇是誰的過錯？父親？日本警察？理蕃課？總督府？還是日本國？所簽之約中，沒有寫出政略婚姻被拋棄的公主和其子女要如何善後。當母親鐵定不去日本後兩個月間，父親為安頓我們，爭取我們的生存權益，到處陳情由政府照料。申請書從霧社分室、能高郡役所、台中州支廳層層遞呈，但是日本統治台灣史上，無此先例，因此，次次被打回。父親只得一次次，直接到台北總督府民政部警察本署的警務課、理蕃課陳情。一個人力單勢薄，又拜託獻策政略婚姻的近藤勝三郎和同樣被逼以政略婚姻娶蕃邦公主的佐塚愛祐、下松仙次郎以及井上伊之助醫師助陣，共同陳情申請加簽「政略婚姻的高砂族妻和其子女被遺棄時的優惠辦法」。

最後父親終於為我們母子爭取到幾項保障，包括：聘請下山龍子（貝克・道雷）為霧社分室囑託，按月領取下山治平警部被革職時職位的薪資（不包含各種津貼），以及分配警察宿舍供下山龍子母子居住。優惠辦法直到下山治平的兒子成人，有正當職業，生活無憂慮便終止。

此刻我才知曉我有個偉大的父親，他不是一個不負責任的壞父親。他之所以拋棄我們，在那個時代有其難訴的苦衷。無知的我，聽人說父親不顧母親自殺，把我送給大塘當養子後，就開始對父親有成見。小學校四年級時，他遺棄我們後，更是恨透了他，因此到知道家父的苦衷和為我們爭取福利的事實以前，我只寫過數封責罵他的信。哪知他有苦衷？哪知他也是無可奈何的被時代變遷的狂潮所戲弄？

淚溼衣襟的我，再也無法壓抑對父親的思慕與愧咎，衝出分室奔向郵局後方高台邊，那裡曾是我、阿宏、敏子佇足遙望台車，期待他返回霧社來的地方。我高聲吶喊：「爸爸我錯怪您了。爸爸對不起！」這時我真想抱著爸爸痛哭懺悔。

我興奮地先單身赴明治小學校服勤，才上了五天課，收到總督府理蕃課的公文，轉調為能高郡霧社公學校教師。想到父親為國家犧牲奉獻，想到母親和井上公醫寬闊的胸懷，想到因為國家的栽培才有今日當上教師的我。渺小的我只是地球上的一個過客，沒什麼好計較的，塞翁失馬焉知非福。我無怨無悔地依順命運的安排，回霧社公學校當教師吧！

依政府與下山治平所定契約，當其子已有能力養家活口，政府給予政略婚姻貝克的優惠終止。下山一到霧社公學校報到，分配到霧社小學校的教師宿舍，便立刻搬離住七年多的警察宿舍。

國家的政令、被父拋棄之悲、因父之故被禁參加旅行的痛，使下山一對人世的怨憤到極點，幸虧此時邂逅胸懷「以愛報父仇」的井上伊之助公醫，導正其偏執的思想。（左為井上伊之助、中為貝克）

霧社分室高井九平主任為說服下山一到霧社服務，翻出有關下山治平厚厚的最密件，揭露「政略婚姻之祕」。（中立者是高井九平）

第十一話

認祖歸宗悔娶黑面女

突然玄關傳來：「哪位是帶有台灣高砂族血統的下山一？看看我的模樣，像不像台灣高砂族姑娘？」眾人皆驚愣住。出現在眾人面前的是一個似鬼怪又似神經病，臉上用墨塗黑的怪女人。

霧社公學校成立於大正三（一九一四）年，毀於霧社事件後，暫時借用霧社小學校，兩校共用校舍。後來，政府撥出濁水溪畔原屬農業指導所平坦之地為霧社公學校新址。

昭和七（一九三二）年四月我去報到時，坂梨校長很訝異：「啊！開學一週了，怎麼可能又派個教師來呢？不過太好了，我們真的很需要人手。我們學校這學年才剛搬到現址，目前只完成四間校舍，其餘有待建設。明天起你別穿文官服，改穿輕便的工作服來上班。因為能自己動手做的工作，都有待師生刻苦合力去完成。」難怪以身作則的校長，穿得這麼隨便，害我誤認他是工友。

這所學校除了坂梨校長外，有一個教師是從小學校、高等科、師範都高我一屆的前輩兼好友赤間元雄，唯一的女老師石川砂子，還有我和內田賢吉，加上埔里平埔族姓潘的工友，同事總共是六人。

我們的學生都來自巴蘭、西寶、東眼三社，滿八歲的學童，入學讀四年公學校，成績優良的，再繼續升讀補習科二年，所以可說是六年制的學校。這種專供蕃童就讀的公學校，在當時全台灣只有五所，霧社公學校學生人數最多。

師生全體住校舍，我們的宿舍尚未動工，還借住在霧社小學校校區內，因此師生每天清晨由霧社行走約半小時，到新的霧社公學校上課。我分配到宿舍後，立刻把警察宿舍退返給分室，在警丁、校工和家人合力協助下，搬進屬於我的宿舍。

校長室以木板分隔約三分之二，做為二、三年級複式教學的教室，由我當這個班級的級任。父親如雷公之聲遺傳給我，在尚沒利用麥克風廣播的時代，不管調到任何學校，朝會、學生集會發號施令，都成為我的專務。不過在只隔一層薄薄木板的教室上課，往往會吵到校長室的來賓，校長常叨唸：「說話聲音不必像吵架，控制成適度的音量，讓學生都聽清楚即可。教書聲音太大，往往會傷害喉嚨，切記。」

霧社事件過了兩年之後的十月二十七日，山之祭典恢復慶祝。除了全霧社蕃區的師生、社民外，拜霧社事件名聲之賜，內地與國際人士來了許多。但見霧社街頭，尤其會場四周，如臨大敵，處處可見軍警持槍守備的鏡頭，使我覺得和山之祭典很不搭調。所幸前一天的遊藝競賽，本校得到冠軍。當天運動會的總冠軍又落到我們霧社公學校。

有一天，東眼社頭目之女奧賓在課堂上發燒昏睡，我立刻向校長報告，他兩度以便條請霧社公學校日高校醫速來醫療，工友兩度都回報：「他正在忙，待會兒才來。」我看奧賓的情況不妙，抱著就往霧社跑，不幸到醫務所時，她已斷氣了。

校長緊張地向霧社分室報備此事，分室主任馬上以電話聯絡東眼社駐在所主任，請他婉轉將此噩耗轉知頭目。為預防傷心失女的頭目引發抗日，霧社立刻進入備戰狀態。而我班的孩子死於我懷中，同事家人均替我憂慮怕遭到報復。

悲傷的父母急忙趕來見愛女，頭目出乎意料的鎮定：「我們早已預知她要赴巫毒汗了。和奧賓感情最好的姊姊剛死一星期，她倆不願分離，所以是其姐來接奧賓同赴巫毒汗了。」雖然得到家長的諒解，但是想到延誤醫治的日高校醫，我真想狠狠揍他一頓。

驪歌響起前是畢業旅行的時刻，我們準備帶四年級和補習科二年級的畢業生，到大都會參觀，這群貧困蕃童們的旅費必須自籌。我得自父親的手藝派上用場，教大家用櫻、梅的樹幹，雕成泰雅木偶，收集倉庫廢棄的防鼠板，雕成泰雅生活圖、製作動物標本。校長夫人教女生以蕃布縫製背包、背心、袋子。這些都由校長設法賣出，將錢儲存下來，不但旅費足夠了，連學生的零用錢、給家長的禮物都不成問題呢！

埔里到霧社的公路開鑿時，日本矢野大馬戲團到埔里大公演。為了讓學生們觀賞難得一見的馬戲表演，全校師生步行到眉溪，再坐公車到埔里，晚上擠在埔里蕃人宿泊所過夜。

不久，昭和八（一九三三）年埔里到霧社的公路也開通，公共巴士開始行駛，大家總算能享受便利的交通了。

暑假，我和坂梨校長去爬東北亞最高的新高山（玉山）。早上從霧社出發，夜宿嘉義，次日，坐上搬運木材的小火車，住在阿里山，第三天，步行到新高山下的駐在所（排雲山莊），第四天凌晨，持手電筒登頂，觀賞萬丈光芒的日出，然後走過八通關草原，夜宿觀高，第五天，下東埔溫泉，第六天，回霧社。登高遙望如君臨天下的豪氣，一輩子難忘。

師範學校畢業後，日本籍的同學一個接一個回內地當兵，在那個「沒去當兵就不算男子漢大丈夫」的時代，我被日本同學和友人嘲笑，甚至還質疑我是不是日本人？我納悶地到能高郡役所查問原因，才知道父親沒把我們的戶籍登錄進靜岡縣三島市。我立刻寫信將上情告知父親：「為何我們的戶籍沒登錄於靜岡縣，害我至今沒收到徵兵令。」父親馬上回信：「對不起！這是我的疏忽。相信你很快就會收到徵兵令，請期待。」

昭和九年三月，父親突然從台中州警務課打來電話，我在霧社分室，以顫抖的手聽到好熟悉、好熟悉的聲音：「阿一，你是阿一嗎？」是父親的聲音，暌違十年父親的聲音，思念之淚不禁奪眶而出，我倆久久飲泣，無法言語。父親終於開口：「我現在在台中，立刻啟程回霧社，請轉告媽媽、阿宏、敏子和靜子。」

母親聞訊，立刻通知馬烈巴的近親和父親的摯友鳥居勇藏、下松仙次郎、井上伊之助、埔里人公醫張進乾等。次日，母親和敏子、靜子準備豐盛的佳肴，全家人和親友一起為父親接風。由此看來，母親心中應該還是深愛父親吧！

藉著送我的徵兵令紅單踏回台灣的父親，拿出紅單：入營日期，昭和九年四月一日、地點，靜岡縣步兵三十四聯隊。父親還帶來拓務大臣永井柳太郎、黑龍會會長頭山滿等名人送的六幅字畫，賀我入營。

聽到我要回日本當兵，原本有說有笑的母親突然暴跳痛罵：「你這個沒有良心的西目疫，孩子是你拋棄不要的，現在卻要把阿一帶回日本，你敢帶走，我馬上自殺。」雖然母親盛怒，但打消不了我要去當兵的念頭，父親很為難，苦思片刻說：「假如不讓阿一去日本當兵，我設法讓他在台灣入營，可以嗎？」

父親為我當兵之事，奔波總督府，數日後，帶回中川健藏總督、平塚廣義總務長官、理蕃課課長等大官賀我入營的多幅字畫回霧社，告訴家母，我特別獲准在台灣入伍的消息。

父親和大塘義父陪我到台南第二聯隊報到後，去拜訪聯隊長，請他多照顧我。軍人衛國固然重要，義務教育也很重要，師範畢業生被編入短期現役兵，接受五個月的軍事教育就退伍。

我入伍之事被報端大肆渲染成：「高砂族青年，志願從軍報國的首例。」害小小的二等兵在軍中常有將軍、大官來探訪，也奇蹟般很快地晉升伍長。這五個月間，我因罹患瘧疾，住進軍醫院治療，這將是我此生唯一住院治病的紀錄。

昭和十（一九三五）年台灣殖民地四十週年慶在台北舉行盛大的博覽會，我們全家做家庭旅行去參觀。然後，我留下來代替坂梨校長參加世界教育大會，目睹由內地來主持的長田文部大臣和台灣中川總督的風采，真是高興。

晚餐時，我鼓足勇氣舉著酒杯，懷著忐忑的心走向中川總督：「總督樣*，我的名字是下山一，入營當兵時，謝謝您送我一幅字畫。」

總督端詳全場最年輕的我片刻，然後含笑說：「喔！你就是那位不願回內地當兵，想改在台灣入營的青年吧！現在退伍了吧！聽說你極優秀，今後更要為教育工作加油啊！」他不但對我的唐突沒見怪，還站起來和我握手，拍著我的肩膀鼓勵。

受寵若驚的回座，四周投來各種異樣的眼光，紛紛在猜測這個膽大妄為的年輕人是何許人？是否瘋子？還有些好奇者問我怎麼敢去向總督敬酒？

*日本時代的「總督」相當於今日的「總統」，位高權重，下山一以「樣」來尊稱。

霧社事件之後，進東京雜司谷東洋音樂學校的佐塚佐和子成為哥倫比亞唱片公司的歌星，標榜台灣高砂族的佐和子，藝名叫做佐和佐塚，經常在日本、支那*、南洋等地勞軍。她曾為其成名曲〈蕃社的姑娘〉、〈南國新娘〉到台灣演唱過。昭和十八（一九四三）年，李香蘭主演《莎韻之鐘》到霧社、春陽拍外景，電影主題曲曾由佐塚佐和子到台灣演唱，其弟昌男正好要出征到南洋作戰，因此緣故和外景隊合照留念。

當佐和子首度回到台灣演唱時，亞娃依阿姨再三要求我快點和佐和子結婚，要她婚後定居台灣，不要再四處漂泊。倒是小時父母指定為婚的佐和子成了歌星，父親反而因此反對起我倆的婚事。

他來信：「我深為沒盡父責感到愧咎，你婚姻的對象，讓我物色世人公認最溫柔賢淑的日本女性，當成我對你的補償。」

昭和十一年暑假，父親要我排除萬難回故鄉認祖歸宗。他已為我安排六個相親對象，抱孫心切的母親並沒有反對我返回日本娶妻。

我早晨從埔里出發，夜宿基隆，次日搭乘一萬噸級的富士丸號，經三日二夜到達下關，下船做半日遊，然後坐車到神戶，再由神戶搭特急號火車到東京。從基隆到東京來往車、船交通費，一張是二十四元六十錢。

從東京車站換乘前往鎌倉車站的火車時，我因大意搭往高山森林，害父親、仲子阿姨、阿宏徹夜不眠著急的等我。幸好同車熱心的少年，看到家父給的地址說：「這住址在我家附近。」他帶我到父親居所時，佐治男、阿治、民子早已入睡。阿姨責怪父親：「去年阿宏來東京學習農技、我們還到東京車站等他。這回你說相信阿一的能力，結果害這孩子差點迷路了。」

次日，父親和阿姨首先帶我回靜岡縣修善寺祖厝，拜見祖母下山冬。她一個人住在高山溫泉區十分寬敞的合掌屋祖厝，管理一大片農田，慈眉善目的祖母，身材中等略瘦，但顯然很強健。她早已備妥美酒佳肴迎接首次見面的長孫。

接著到戶籍地靜岡縣三島市。祖父下山為吉是殷實的米商。擁有碾米廠、三島車站前的米店，富士山泉水流入公園邊的高級住宅。祖父和他富態的愛妾，先帶我們到寺院內下山家族之墓祭拜，然後進入寺院，請住持舉行簡單隆重的認祖歸宗祭儀。回到自宅打開供奉祖先牌位的神龕，祖孫三代獻香，由祖父告訴祖宗們，下山一正式回歸下山家了。

我的一個堂兄已退伍返鄉，但因支那事變，他收到出征支那的紅單。祖父高高興興的帶著我又到修善寺，趁參加堂兄出征送別會，把我介紹給親友認識。

＊支那即中國。

回到三島時阿姨、阿宏、佐治男、阿治、民子都在等我回家。開始照父親安排的程序，展開家族旅行兼相親的行程。

旅遊部分，印象最深的是環富士山五湖之旅，木栖湖、西湖、河口湖、山中湖、廬之湖，各湖都有其獨特的秀麗風采。

最難忘的是攀爬富士山。從三島市到五合目（標高二千四百公尺的登山口），青翠美麗，交通便利，五合目開始步行於黑黑的火山岩石堆上，阿治和民子都累哭了，最險峻難行之處，我和阿宏還揹著他倆走。

處處可見終年不化的白雪。當夜我們住在九合目五勺（標高三千五百九十公尺處）。想到明日凌晨再五勺的路程，就可以登上富士山頂，大家雖然很累，但興奮得久久才睡著。

凌晨，每人手持一把手電筒，趕到山頂看日出。父親以驕傲的口氣告訴我們：「富士山代表我們日本的靈魂和精神。富士山是我們靜岡縣和山梨縣的交界山，走遍四周，從我們修善寺所見最雄偉，從三島所見最美。」

至於相親，沿途由親友安排，見了六位，回到修善寺，臨時由村長安排晚餐時再見一位，她家住在附近，但是到八時尚未現身，於是鈴木村長夫人親自去邀請。

突然玄關傳來：「哪位是帶有台灣高砂族血統的下山一？看看我的模樣，像不像台灣高砂族姑娘？」眾人皆驚愣住。出現在眾人面前的是，一個似鬼怪又似神經病，蓬頭垢面，衣裳骯髒不堪，臉上用墨塗黑的怪女人。

我昂首站到傲慢無禮的藤原正枝面前，雙手叉胸前，睥睨好一會兒不屑地說：「我就是下山一。我們高砂族沒有一個像妳這樣的黑面女，請不要隨便蔑視。像妳這個樣子，就算世上只有妳一個女人，誰敢娶啊！」

藤原正枝聽了十分生氣，舉手想打我。我毫不留情面的抓住其手推開。她自知無趣地拉著其母衝了出去。

尷尬的鈴木村長不斷致歉，請大家繼續喝酒聊天。父親直問所見七位最滿意的是哪一位？暑假時日已不多，娶妻之事得加緊進行。

腦海浮現因火車誤點，匆匆出現，清秀甜美的鐵路局車掌小姐秀子的笑靨，正要開口……。一位老伯伯形色匆匆推門而入，大呼：「對不起！對不起！剛才我們正枝太失禮太失態，真的對不起。她現在自責懊惱地哭著說，對下山一君一見鍾情，願嫁給下山君到台灣生活。」

我和父親對黑面女實在沒好感，但是強勢的祖父力薦正枝自幼聰明活潑可愛，高女畢業的她今天確實太失態，但是相信將來會是典型的賢妻良母。在祖父、鈴木的極力湊合下，父親要我自己決定。我拗不過祖父的勸說，隨遇而安的點頭了。

婚約式（訂婚）在藤原家舉行，我才得知她家極富有，修善寺、三島市都有貨運行，是下山家的世交，也是祖父生意上的好夥伴。數日後，在修善寺的山田屋溫泉旅館舉行日式婚禮，婚後到日光新婚旅行，然後把黑面女娶回霧社了。

然而正枝竟瞧不起額頭有刺青的母親。希望家庭和樂幸福的母親，對正枝的傲慢蔑視忍氣吞聲，甚至為此常和敏子、靜子起衝突，氣得我的妹妹們乾脆搬回埔里住。

母親想教富家媳婦做家事，她心不甘情不願，故意摔東摔西。為了母親教她以松木起火煮飯，將她的雙手和臉染黑，就罵：「我不是來做高砂族的黑臉媳婦的。」還故意舉起廚房裡的刀，一把把丟向母親最愛的小黑狗。小黑被刀刺死，傷心的母親終於被正枝氣走了。她從此寧願和女兒住也不肯回來霧社。

我辛苦的下班回家，還得下廚煮飯給正枝吃。她不但不感謝還罵：「你把自己賣給學校了，怎麼這麼晚才回家？」

最令我苦惱的是，出身商家的她，滿腦子想賺錢。她觀察到一個漢人魚販，約三天挑一擔魚到霧社賣，一半給櫻旅館，一半給小吃店和雜貨店。她捉住這商機，魚販一下車，便以高價全數購買，氣得旅館、小吃店、雜貨店的老板聯合請分室調解。她一副得理不饒人的大叫：「每個人有買賣的自由，我既不偷又不搶，你們憑什麼把我告上分室？」巡查們請正枝不要破壞慣例，傷害鄉里的和諧。我也勸她以和為貴，錢財夠用就好，不要傷了鄰里的感情。

她如潑婦當眾對我罵：「我有的是錢，我買魚有用到你半分錢嗎？我闢我的財源，你憑什麼合著外人欺侮我？」為了這事，警丁三番兩次要我請假出席調解會。

婚後七個月，正枝接到一通電報，其大弟將赴北支那出征，希望正枝回日本參加送別會。我立刻買張來回票讓她回故鄉。她揚言一個月內絕對回我身邊。

兩個月過去了，正枝毫無音信，我寫信請父親去探個究竟。父親來信：「正枝當海軍的情人歸來，兩人舊情復燃已同居。你至今尚未將正枝的戶籍登錄，正好就當作是一場夢吧！我會再替你物色更適配的對象。」

正枝回日本兩年，終於來信：「我為你生個可愛的男孩了，近期將帶著孩子回你身邊。」幾乎同時，父親認為和我最適配的結婚對象，靜岡縣沼津的房子寄來愛慕我的情書和相片。我為這兩個女人爭相來信感到十分困擾。

於是去信請阿宏幫我調查正枝的孩子以及房子的為人。阿宏來信：「正枝被娘家逐出家門。

我在青森學習高冷水果的實驗課程時，巧遇在果園打零工的正枝和其子，被其沾染吃喝嫖賭的同居惡漢打傷。她偷偷向我哭訴孩子是你的種，要我助她回你身邊。假如你相信正枝離開你後，過十四個月會生你的種，實在該讓她回到你身邊才對吧？房子高大健美爽朗明快，曾結過婚，和夫婿感情甚篤，但因虐待婆婆被離婚。母親曾遭正枝虐待，因此我反對你娶虐待婆婆遭休妻的房子，以免母親再度受虐。」

阿宏反對父親為我物色的結婚對象，父親就問阿宏：「難道你找得到比房子更適合當嫂嫂的人選嗎？」

下山宏在其父鼓勵之下，不顧其母反對，決心和同年同月同日出生，同是嘉義農技畢業的佐塚昌男一起到日本學習農業改良技術。（左起下山宏、一、貝克、敏子、靜子）

霧社公學校的同仁，攝於小學校。（中坂梨校長，右二下山一）

霧社事件過二年，昭和7年熱鬧的山之祭典恢復，10月27日在霧社小學校的運動場舉行慶典和運動會。（圖為當時的霧社街景）

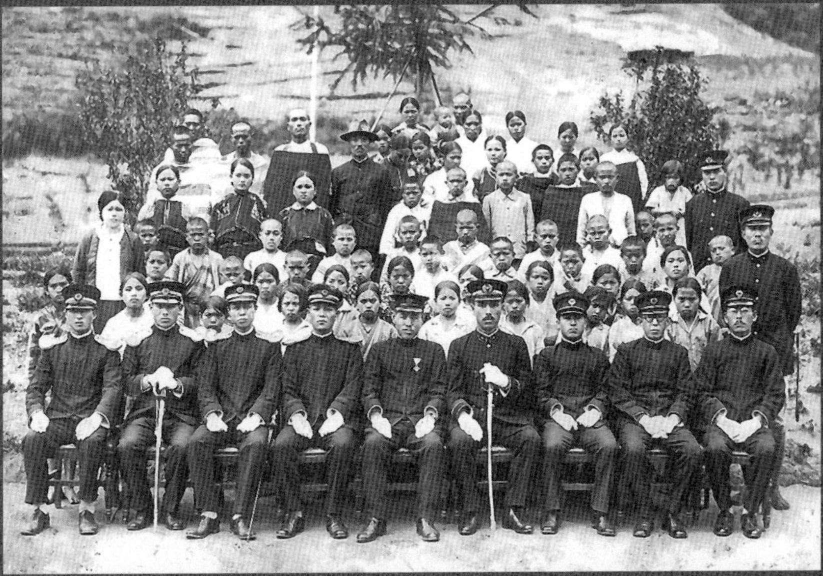

霧社公學校成立於大正3年，昭和15年因興建日月潭、萬大水力發電廠之故，學生數最多的巴蘭村被強制遷村，公學校不得不關閉走入歷史。（前排左一下山一）

貝克誓死阻止下山一回日本當兵，為此下山治平晉見中川健藏總督，因其好友拓務大臣永井柳太郎相助，一獲准改於台灣入伍。（前排左一下山一，左二下山治平，後排左一貝克・道雷）

治平初回日本靠打雜工，當消防隊員養家。有次負傷救黑龍會的幹部。經引薦給會長頭山滿受賞識重用，生活才漸入佳境。（左一下山宏，左二頭山滿，最右下山治平）

下山一臨入伍前的歡送會。（站者右三下山治平，坐者右一下山一）

台南第二聯隊第三中隊第三班的夥伴們。第三排右二是下山一。國民教育極重要，法令規定師範畢業生只要當五個月兵。下山一從二等兵、一等兵、上等兵，五個月間升為伍長退役。

佐塚昌男出征東帝汶前，電影《莎韻之鐘》的工作人員，因此曲將由佐塚佐和子到台灣演唱，特地到台中農改所歡送昌男。（中排左三女主角李香蘭，左四下山靜子，左五佐塚昌男，左六亞娃依）

佐塚愛祐的長女佐塚佐和子（藝名佐和佐塚）到台灣演唱時，蒙第十八任總督長谷川清召見。（前左長谷川清總督，後右二佐塚佐和子）

下山宏和佐塚昌男隨佐塚佐和子首度回台灣演唱之機會回台探望家人。他們到霧社時，亞娃依希望把佐和子留在台灣，直催下山一和佐和子快結婚。（左一下山宏，左二下山敏子，左四佐塚昌男，左五亞娃依，左六佐塚佐和子，左七佐塚晃男，左八下山一）

日本拓務大臣永井柳太郎是治平好友，窮困潦倒時受其相助終於事業蒸蒸日上。永井大臣和頭山滿會長是下山家族的貴人。

昭和11年下山一首次到日本展開認祖歸宗與相親之旅。治平安排一會見七位日本姑娘，時間倉促下，娶回爺爺商場夥伴大貨運行的千金，黑面女藤原正枝。（前排左一下山一，後排左一藤原正枝，左二靜子，左三貝克，左四敏子）

第十二話
故鄉的廢家與霧社良緣

我嫉妒「霧社」，但是立誓用真誠的珍惜、關愛、尊重，盡力呵護摯愛的文枝。期待有一天她會說：「我是嫁給下山一的。」那麼我將是世界上最幸福的人。

昭和十二（一九三七）年十二月底，有一天阿宏和昌男走出農改所，朝東京的白木屋百貨公司走去。頑皮的阿宏被生氣的昌男追逐，不小心撞倒一個人，他連忙道歉，撿拾掉落滿地的帳冊，兩人的頭又互撞，阿宏抬頭要道歉，驚愕地發現在白木屋竟意外與小學校同桌的井上文枝重逢，他們三人很高興的相約文枝下班後找地方敘舊。

左等右等，白木屋的員工似乎都下班了。正猜疑這位東京大小姐瞧不起他們，故意爽約，準備要離去，才看到文枝匆匆趕來致歉：「我掌管全公司的出入帳，當天的整理好才和保全人員最後下班。」文枝帶他們到附近典雅的餐廳，歡歡喜喜地高談童年往事。本來三人約好有空再見，但是從此文枝像從人間蒸發。阿宏到處追問不到她的行蹤，反而昌男因此猜疑由父母指婚將成妹婿的阿宏移情別戀，將阿宏痛打了一頓。

阿宏將上情稟報父親，還強調：「我不是為自己找尋井上文枝的，聽到她未婚，想撮合文枝成為我的嫂嫂。」

父親笑說：「你父親是何許人。我曾是資深優良的高級警官，以我現在的人脈找個井上文枝易如反掌，此事就交給我吧！」

父親和仲子阿姨登門專訪住在東京都大森區的井上昌夫妻，敘述昔時同為台灣霧社蕃區警察的往事，再由兒女都尚未婚嫁切入正題，希望井上文枝能嫁給我。

井上昌說：「文枝升高等科二年級時，分給我昔時時事新報社的主管井上敬作養女。井上敬因其獨生女美津子身體羸病又失去生育能力，收養文枝準備栽培成其龐大事業的接班人。文枝的婚姻大事，我們已經無權過問了。」其養父早就決定要找能力高強可以協助其事業的人入贅以傳宗接代。

不死心的父親，帶著從軍中回家休息的阿宏，再度登門求親，結果答案依舊。他留下：「暑假阿一會從霧社親自登門求親，到時幫幫忙，讓他倆見上一面，只要文枝親口拒絕，阿一就會死心，我們也不會為婚事再來叨擾。」

昭和十四年暑假前，父親來信催促我回日本：「結婚對象已談妥，只要你點頭，房子就會嫁給你。而我和井上昌也約好讓你和文枝會面，假如你倆緣分夠，也有可能促成霧社良緣。」母親說：「若能娶到井上文枝就好了。她自幼文靜乖巧聰明賢慧，又深知我們的身世背景。我會祈求巫毒浮幫忙，讓你能娶回文枝。」

自從阿宏來信和文枝重逢後，我日夜期盼能再見她一面。幼時父親曾說：「以我們的身分娶貴族世家的井上文枝，只能做白日夢。」如今來信要去向她求婚，我自知困難重重，美夢不可能成真。真的單看一眼，便心滿意足。

文枝出生於東京本鄉，深覺東京人冷漠無情，隔鄰互不打招呼，每日忙忙碌碌的生活在高大擁擠的水泥叢林。

反觀外婆家岐阜縣高山市，這個高山中的盆地，四周被重山峻嶺包圍，景色優美、空氣清新，生活悠閒、人情味濃郁。文枝和弟弟妹妹最愛回外婆家投進大自然的懷抱，享受溫馨的親情。每次回外婆家，他們住在其母口中的「故鄉的廢家*」。這個古厝坐落於高山市山邊斜坡的台地，視野極佳，可將高山市全部收進眼底，文枝的母親就是在這裡出生。而舒適寬敞的新家，早就蓋在山邊盆底寬闊平坦的果園、菜園水田之間。每次依依不捨的離開外婆家時，外婆總會遞上水果、蔬菜、米、糯米糕……等讓她們滿載而歸。

大正九（一九二〇）年，文枝的父親辭去時事新報社的工作，到台灣當巡查。首先服務於台中州豐原駐在所。因全家人喜愛高山風光，國家也需要警察們入深山服務，後來又調到霧社蕃區高峰的巴蘭駐在所。

當車子蜿蜒進入被群山環繞的山中盆地埔里，全家人雀躍歡呼：「我們好像回到歧阜縣高山市的外婆家了。」從埔里到霧社沿路美景，仿如從高山市出遊。

霧社醫務所下面有兩排整齊的警察宿舍，是安排給到深山服勤的警察家眷住的，井上昌分配到下面一排突出的最後一間。湊巧我們兩家毗鄰而居。

每當井上昌從深山回來，全家手牽手唱著歌爬向櫻台，除了那兒風景秀麗外，最吸引他們的是，爬向小斜坡的平台，右邊有間被群山環繞的廢棄老屋，從那兒可望盡霧社街頭，真是猶如回到文枝最思慕的外婆家——「故鄉的廢家」。

文枝下班後，看到電影院正在上演高峰三枝子主演的《故鄉的廢家》，思念的心，牽引她進去看電影。電影裡高大峻偉的山峰，坐落在小山坡平台的那間「故鄉的廢家」，引領文枝進入思慕的高山市外婆家的「廢家」，又飛馳到童年時霧社櫻台山腰邊的「廢家」，思慕的淚水沾溼衣襟，清場後留下來看完第二場。這才想起其生母吩咐她今晚有事，要她回生身父母之家一趟之事。

她匆匆忙忙趕到大森區父母的居所，其母說：「怎麼那麼湊巧，他後腳才踏離我們家門，妳前腳就踏進來。記得霧社的下山一嗎？這孩子，現在長得高大俊秀，彬彬有禮，台中師範學校畢業，在霧社公學校教書。他今天來向妳求婚，怎麼樣，嫁給他，隨他到風景秀麗氣候宜人的霧社，過安定的生活，應該不錯吧！」當時文枝年已二十四，為人父母誰不期望快點把女兒嫁出去。

＊廢家，即廢屋，荒廢無人居住的房子。

文枝腦海中一直縈繞著「故鄉的廢家」景物，隨口說：「是啊！高峰、霧社、埔里，好懷念啊！真的有空的話，還想去看一看啊！」

其母以為文枝答應此婚事，急著想將此喜訊向我們傳達。但其父堅持文枝已是別人家的養女，婚事哪能由親生父母決定？兩人為此爭吵，其母說：「難得女兒願意嫁，只要她早日有美滿的歸宿，我甘願做壞人，去得罪井上敬。」

明知娶得文枝只是白日夢，僅僅為想見到文枝長大成人的模樣，藉求婚的名義去見她。遺憾見不到文枝的我，深深為失落感所衝擊著。

父親興高采烈的又帶我到處走走，到靜岡縣的沼津，父親說房子十分願意嫁給我，來去正式提親吧！我索然地拒絕相見。親戚們又有人要替我安排相親，我意興闌珊地婉拒了，直接返回修善寺去陪奶奶。

父親知我除了文枝沒打算再婚，就去探聽她現在上班的地點。原來其養父在川崎市開設郵局的負責人，正好中風住院，文枝就轉任郵局業務，難怪阿宏找不到她。父親陪我到郵局探望文枝，又正巧她剛有事出門，不知何時回來？

我感嘆是否我倆的緣分太淺，連見一面的機緣，上天也不肯恩賜？意外地喜久阿姨（文枝生母）來報喜：「你和文枝的婚事有些眉目了，請隨文枝去見她的養父吧！」

文枝帶我到其養父家。他告訴我：「只要你放棄台灣的工作，入贅到我家協助我的事業，我就同意文枝和你結婚。否則，她嫁給你，我就和她一刀兩斷，斷絕養父女的關係。」想不到文枝選擇了後者。

昭和十四（一九三九）年八月，父親包下江之島突出海中的澤田屋餐廳，為我們舉行盛大的日式婚禮，遺憾的是女方只有文枝生父一家人來參加，後來養父家的美津子姊，瞞著父母趕來。不知是否因得不到養父母諒解，文枝顯得有點落寞，脂粉不施，仲子阿姨強拉她進廂房，簡單的為文枝化了妝。

婚後，我兩度陪文枝回其養父母家負荊請罪，但都吃了閉門羹。接著，帶文枝回靜岡縣三島市老家，並到修善寺拜見爺爺奶奶和家人。此時，聽到阿宏在軍事演練中受傷住院，新婚的我倆趕緊到軍醫院，探訪真正的媒人。

父親此時在商場上很得意，擁有橫濱員工兩百多人的紡織廠、東京賽馬場、小報社。我帶心愛的妻子回台灣時，父親特別派他的兩位親信，一路為我們扛行李到霧社。當我們在下關碼頭準備上船時，美津子姊又瞞著父母來送別，姊妹情深的她倆，抱頭痛哭不忍分離。

這趟日本之行，行前母親和亞娃依阿姨神祕兮兮的送我到台北。回到霧社後，我卻找不到母親。原來母親深怕其紋面再度影響兒子的婚姻，趁送我之便，和亞娃依阿姨到台北帝大附屬醫院（台大）動手術去除刺青。去墨恢復原貌的母親，變年輕美麗了，難怪我們一時認不出她啊！

糟糕的是，因為根本沒料到能娶回文枝，正枝的衣物都還原封不動地躺在衣櫥裡。文枝雖然不高興，但深明大義的說：「誰無過去？只有傻瓜才會計較過去。」她勤快熟練地將正枝貴重的衣物用品打包郵寄回去，其餘的在後院火化。

文枝養父家有十多個佣人，她從來不曾下過廚房，不曾洗過一件衣服。嫁給我後，卻和母親宛如母女，談笑風生，虛心地向家母學習女人該做的一切家事，從無怨尤。

過年前大掃除，沒做過家事的文枝拿著掃把、抹布爬上天花板清理，赫然發現一包信，文枝展開看後，大發雷霆：「你這無情無義的惡漢，自己受苦於遭父遺棄的苦境，竟然又拋棄為你生孩子的正枝。房子也寫來一堆肉麻兮兮的情書，說沒嫁你她活不下去。暗藏她倆的情書，可證你居心不良，想學你父親享齊人之福啊！不！你更厲害要一箭三鵰。為你生孩子還被你離婚，嫁給你有安全感嗎？趁著我們尚未有孩子，離婚吧！我絕不留在負心漢身邊，我要回日本。」文枝氣急敗壞地寫信給岳父。

藏信的罪魁禍首出面投案認罪，敏子哭求：「因好奇心指使我偷藏哥哥的情書，請嫂嫂原諒。」我請文枝看清信的內容，證明正枝所生絕非我的種。我回日本根本沒去看房子，可證房子是一廂情願。等岳父回音：「離婚回日本來」時，我倆早已又甜蜜恩愛了。

我所任職、新蓋在農業指導所的霧社公學校，才成立八年，為保護日月潭、萬大水力發電廠水源，防巴蘭社民濫墾濫伐，學生數最多的巴蘭社全社將被強制遷移至中原社（仁愛鄉互助村中原），公學校不得不關閉。因此昭和十五年，我改調到埔里北小學校，當時文枝有孕在身，幸虧阿宏剛退役，從日本靜岡回來霧社，在他大力協助下，我們全家搬到埔里北小學校的教員宿舍。

「故鄉的廢家」促成了霧社良緣，但是文枝的口頭禪「我是嫁給霧社，不是嫁給下山一」，聽得我會心酸。

我嫉妒「霧社」，痛恨「霧社」是奪我妻愛的仇敵。但是立誓用真誠的珍惜、關愛、尊重，以愛復仇，用寬闊的胸懷，盡力呵護摯愛的文枝。期待有一天她會說：「我是嫁給下山一的。」那麼我將是世界上最幸福的人。

「故鄉的廢家」促成了「霧社良緣」。（下山一和井上文枝）

下山一和井上文枝真正的媒人下山宏如願入伍靜岡陸軍聯隊，當同期兵要出征中國時，宏重病住院，下山一和文枝到軍醫院探病。（前排左下山一，中文枝，右宏）

井上文枝將嫁給下山一時的全家福照（前排左文枝父井上昌，右母片桐喜久。後排左起井上修、井上昌三、井上文枝、井上春代）

下山一小學生時見到井上家特別溫馨的全家賞櫻圖後，心中思慕愛戀不可能娶到的貴族美女井上文枝。如今美夢成真，他決心永遠只愛文枝一人，一定要讓她幸福。文枝和下山一婚後到櫻花台賞櫻。

霧社公學校因故關閉，下山一轉調埔里北小學校，這時文枝大腹便便，正好下山宏上尉退伍回台幫忙搬家。（右二井上文枝、右三下山一、右四貝克•道雷、右五下山宏，最左鳥居勇藏）

第十三話

志得意滿的幸福歲月

每日清晨，騎著腳踏車帶著文枝備妥的便當，由埔里小學校宿舍騎向溪南公學校。下班後騎到家長會長捐蓋的隆生橋附近，就會傳來「我的幸福在這裡」的歌聲……

昭和十五（一九四〇）年，我開始任教於埔里北小學校。開學後，八月三日，欣喜得長女下山和代。學生們給文枝封個東京美人的綽號，為睹其倩影，下課時常聚集在我住的宿舍前遊戲。學生一逗弄和代，她就高興地手舞足蹈。所以文枝忙家事時，常讓和代坐在童椅上看小朋友遊戲。

有一天和代從童椅跌落窗外，幸虧學生即時通報，才得以保全其性命。但是留下咬斷舌尖的後遺症，有些音發不清楚。幸虧勇敢樂觀愛聽童話故事的和代，聽到別人談論其怪發音就笑答：「我不是童話故事裡的斷舌麻雀。我是斷舌姑娘，所以講話才會有一點怪怪的嘛！」

我一邊當六年級級任，一邊訓練學校的田徑隊。那年能高郡運動大會，本校首次打敗埔里南公學校，接著南投廳運動大會的總冠軍又頒發給本校。校長和家長會很高興，決定上酒家犒賞有功人員。

下班後，我硬被校長和同事推進金埔里酒家。每個人身邊出現花枝招展媚笑斟酒的酒家女。不曾上過風月場所的我，看到酒家女極盡諂媚的投懷送抱，十分不自在。我越靦腆，大家越愛作弄我。我越想快快逃離，他們越故意取笑我娘娘腔、患妻管嚴症、得恐妻症，想以激將法留住我。當天是文枝的生日，最後我只有尿遁一途了。

回家後，看到文枝獨坐在滿桌吃剩的佳肴前傷心流淚。看到我回來，她強打精神接過公事包替我脫外套，這時發現外套上有口紅印，立刻氣得發抖，我怎麼解釋她都聽不進去，還邊哭邊咬左手大拇指，寫信給岳父。看到文枝的拇指淌血，我的心也淌血，怎忍心傷害在台灣舉目無親的愛妻呢？我深深自責是意志力不夠堅強的孬種。

我立志今生不管別人如何嘲笑、慫恿、誘惑，絕不再踏進風化場所。唯有忠於文枝，我才能擁有溫馨和樂的美滿家庭呀！後來岳父來信指責我，要文枝離婚帶著和代回日本時，幸虧我的真誠已打動文枝，才免去離婚的災禍。

長男阿武，於昭和十七年四月三日誕生。他自幼最愛看童話書，站著、坐著、蹲著、睡著、趴著，書不離手，倒拿著書也認真的直看，那模樣逗趣又可愛。我和文枝常笑說：「和日本第一個神武天皇同月同日生的阿武，將來可能擅文不擅武吧！」

昭和十六年十二月八日，日本戰鬥機偷襲美國夏威夷的珍珠港，東條英機首相談判不成，全面引發太平洋戰爭。

為保鄉衛國，總督府新制定青年學校，招收高等科畢業生，嚴格施以兩年軍事化教育。劍道七段的丸大校長教授師生劍道，他讚賞我聰明靈活領悟力強。昭和十八年成立埔里青年學校，丸大校長推薦我當首屆級任。

這年六月十六日，可愛的愛睡公主典子降生。等她學會走路，用濃濃的童音唸：「『翁婆』的『力量』沒有了（おんぽのちからがない）。」拿到枕頭，不管在何處，倒下便呼呼大睡。愛睡公主將「典子」（のりこ）唸成「翁婆」（おんぽ）、將「枕頭」（まくら）唸成「力量」（ちから），真是好笑。

文枝是賢妻良母，善於持家，善待家人，溫柔有耐心的教導子女，我只管把薪水交給她，就可專心一意於事業，繁雜之事，她都替你打理妥當。我娶到這樣的文枝，真是幸福啊！

文枝精打細算省吃儉用，以我單薄的薪水，相繼為敏子、阿宏、靜子完成終生大事。自幼戀父情結甚深的二妹敏子，長得標緻，又是名裁縫師，父母指婚的佐塚昌男痴愛她到令人感動的地步，但是昌男有情，敏子無意，情願嫁給年歲較大服務於台中州廳的江頭文男，婚後，文男帶她回福岡生下一男二女。後來全家就搬到橫濱。

大弟阿宏任職於台中農業改良所，按父母指婚，娶青梅竹馬、自幼相戀的佐塚豐子為妻，生下四女一男。日本戰敗後，他被國民政府留任農業改良技師，陸續在台中農改所、嘉義農改所工作。後來又調到台灣省政府山地農牧局，致力台灣高冷水果改良工作。但因他酒後愛發牢騷：「日本時代是砍一棵樹補種三棵樹，國民政府沒有真心愛台灣，廢苗圃，只知砍大樹賣到國外，不知補種樹苗。數十年後，台灣將遇豪雨便被土石流所苦。」好友勸他快辦退休回日本，遲了恐怕被情治單位當成政治犯，送到綠島去關。結果阿宏竟連我這個親哥哥也不敢知會，拿到退休金後，留下在馬祖前線服兵役的獨生子明宏，帶著妻子和女兒，逃難似地回去日本。

直到民國六十二年初，他才從東京來信，要我照顧明宏。然而明宏深深以為遭父母遺棄，再怎麼規勸也聽不進去，自暴自棄，沉迷於酒和賭。台灣和日本間來來去去數回，都因爛醉肇事被革職，阿宏留給他的土地、房子，一個個賣掉，其妻盛怒下和他離婚。他因為是入贅女方，孩子一個都要不到。當賣掉最後一塊土地時，他醉死在埔霧公路的一處荒草堆中。

文靜美麗、聰慧賢淑的三妹靜子，裁縫手藝和敏子並駕齊驅，求婚者多到讓我們頭痛。她排斥長輩指婚小她五、六歲的佐塚晃男和眾多追求者，獨鍾情感情受創於其姊的佐塚昌男，認為他憨厚樸實，將會是好丈夫好父親。我們就玉成他倆，婚後隨昌男到任職的台中農改所。下山家和佐塚家配成的兩對鴛鴦，常常形影不離，恩愛的令人羨慕。

昭和十八年，靜子生下佐塚征雄不久，昌男要到南洋的東帝汶出征。此時佐塚佐和子將到台灣演唱電影《莎韻之鐘》主題曲《月光小夜曲》。外景隊正好在霧社、春陽拍攝，因此女主角李香蘭和全體工作人員共同歡送昌男出征，並合照留念。

當我擔任青年學校二年級級任時，川崎督學數度求丸大校長，讓我轉任溪南公學校教導主任，但是校長以青年學校需要下山一，堅持不放人。溪南公學校校長香坂武夫，是我就讀高等科時，特別關愛我的老師兼住校生的舍監。如今他有困難，督學又求我為學校問題解套，為報答香坂校長恩情，由青年學校調公學校雖是降任，我不顧他人猜疑眼光，點頭了。

原教導小野，身懷柔道三段，以身為日本人自傲，學生和家長對校務不滿，就凶悍無禮相待，為此，和溪南青年團爆發打群架事件，由學校打到村莊，打到水田，造成多人受傷。因此學校和地方失和。小野他調，我接任，此問題獲得解決。

四年級的級任，個性凶暴無情常打傷學生。有位貧困的寡婦，其子常因無法按時繳錢、沒錢買文具、幫寡母工作以致遲到，而被打傷。有一次，其子的屁股被籐條打成一片烏黑，根本無法坐或平躺。寡母去拜託保正（村長）兼家長會長的劉阿財，到校要求打孩子別那麼凶殘。年輕氣盛的日本老師，自以為身為統治者，毒打不守規矩的殖民地孩童是應該的，反而怒斥會長和寡母，為此家長會和校方也決裂了。

我數次找他溝通，好言相勸以和為貴，由我和校長陪他去向寡母及會長道歉，他不屑地傲笑：「哪有統治者向被統治者道歉的道理。」還恥笑我不是純粹的日本人，母親是高砂族不夠資格管他。

我忍著氣告訴他：「不管是日本人、本島人、高砂族，生命價值一樣珍貴，身為日本教師，更應該謙虛溫和、善待學童。」他嗤之以鼻。我想：「這是個欠揍，怕硬不怕軟的標準小人」，於是將他打倒於地，飽以拳腳。果如所料，他從此對我言聽計從，服服貼貼地去向寡母和會長道歉，不再高傲不講理。

接著就是學校同仁向上級投書「對校長不信任案」。

我發覺癥結所在是，校長和夫人同在一所學校服務，主計出納由夫人掌管，容易引起大家詬病。我要求同屬怕太太族的香坂校長，大刀闊斧違背夫人的意願，將主計出納交給年輕有為、自幼父子相依為命、孝順懂事的郭老師。從此校園恢復平靜，家長會樂意全力支援校方了。

每日清晨，騎著腳踏車帶著文枝備妥的便當，由埔里北小學校宿舍騎向溪南公學校。下班後騎到家長會長捐蓋的隆生橋附近，就會傳來〈我的幸福在這裡〉的歌聲，這天籟是發自揹著典子的文枝甜美清脆的歌聲，伴著斷舌姑娘和阿武遺傳自我的雷公聲組合而成的。我把和代和阿武抱上腳踏車，和文枝並肩合唱踏著夕陽回家。

家長會長劉阿財先生以為我每天往返埔里、溪南間辛苦不方便，這位大善人就捐出學校前方一塊水田，發動村民有錢出錢，有力出力，蓋兩間宿舍供我和郭老師住。川崎督學捎來喜訊，明年新學期我將升任為最年輕的校長。

啊！這段歲月，志得意滿的幸福感充沛我心。

丸大校長領導下的埔里北小學校同仁相處融洽，常一起出遊，圖為下山一和梶原兩家一起去霧社賞櫻花。（梶原坐在樹幹上，其夫人在其前手扶和代，最右下山一和文枝抱著武）

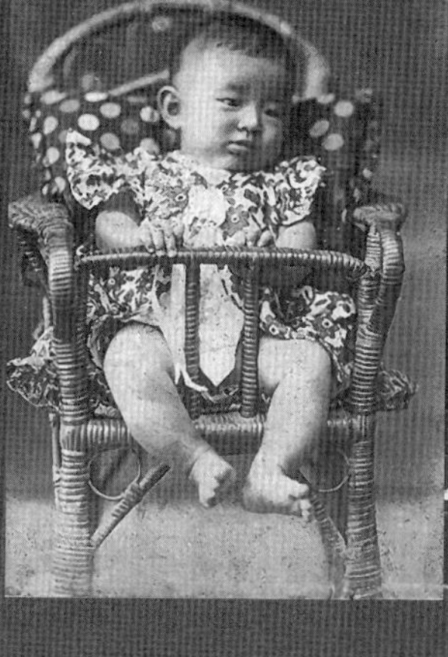

下山一和文枝的長女誕生於昭和15年，長子17年生，次女18年生，孩子的哭笑聲溫暖了父母心。（右：下山一懷抱初生的長女下山和代，左：次女典子會坐童椅了）

大塘正藏服役於台中州役所，知敏子有戀父情結，幫他介紹同事江頭文男，婚後敏子決定隨夫回日本，臨行特別探望她視如親生女深愛的姪女下山和代。

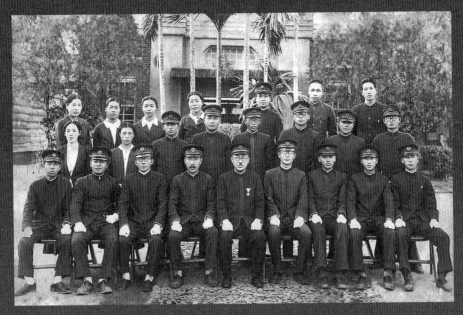

昭和15年下山一於埔里北小學校當六年級級任，16年升高等科級任。18年成立青年學校，下山一又升為首屆級任。正享受家庭和樂志得意滿的歲月。（中坐者丸大校長，右二下山一）

佐塚昌男原本痴愛指婚的下山敏子，但落花有意流水無情。而下山靜子則嫌指婚的佐塚晃男年紀太小。昌男當馬烈巴警丁時和教裁縫的靜子譜出戀曲，雙方家長高興地在埔里能高神社為他倆舉行婚禮。（新郎佐塚昌男，新娘下山靜子）

政略婚姻後代，唯一一對依父母指婚，從小青梅竹馬永浴愛河的下山宏和佐塚豐子結婚了。（前左一貝克・道雷，左三下山宏，左四佐塚豐子，左六亞娃依・泰木。後左一大塘正藏，左二下山一，左四佐塚昌男）

敏子和靜子學成後，已是有名氣的裁縫師，平時跟著師傅做和服、洋服，有時到各校當代課老師。兩姊妹常輪流到馬烈巴蕃青教養所教授裁縫。（左一敏子，左二裁縫師傅，左五靜子）

在台中州川崎視學和香坂武夫校長再三懇求下，下山一調為溪南公學校的訓導主任。圖為溪南公學校校門。

第十四話

從亡國奴到歸化人

失去國家保護的亡國奴，誰來保障工作權和教育生存權？我不能讓兒女一直得不到學籍，不能再讓過勞的文枝生命遭受危害。我們必須下山去申辦歸化為中華民國國民，尋求新國家的保護……

昭和二十（民國三十四，一九四五）年，「哇！哇！哇！」三女操子宏亮的哭聲伴著警笛，在產婆陳阿滿的接生下響起。操子似乎能預知美軍的空襲，每次望向天空嚎哭，警笛就隨之響起，因此她被封「警笛」這綽號。可憐文枝在生活物資極貧乏，只能憑票排隊購買，無法讓家人溫飽的戰爭末期生下操子，坐月子期間，只吃過一次肉食。那是以她豪華高價的和服換得一隻鵝，讓全家人解解饞的。雖然我常抽空去溪邊垂釣，孩子們在小溪流捉小魚蝦，撿河蜆、鴨蛋，母親在宿舍邊種菜，但是顯然大家都營養不良。

美機的空襲日漸激烈，昭和二十年，埔里附近的雙冬、川中島傳出敵機投下炸彈事件。

有一天警笛響起，大家慌亂地戴上護頭巾躲進防空壕，操子的「警笛」停不下來，文枝被眾人厭惡的眼光集射，羞澀地翻出營養不良乾癟的奶頭搪塞操子飢饞的嘴。和代突然大喊一聲「奶奶！」，隨即衝進敵機掃射的彈林，將耳背重聽的家母，拖進四季豆架間，幸虧有驚無險。

原來敵機似將魚池阿薩姆紅茶廠誤為軍事要地，投下數枚震耳欲聾的炸彈，把學校的玻璃也震碎了。接著無數傷者，以擔架抄近路穿過我們學校，送往埔里醫院。溪南公學校的教室變成臨時軍用倉庫，學生只能在戶外上課了。

八月十五日的黃昏，我從溪邊釣魚回來，沿路氣氛怪異，家中被不安的陰霾籠罩。靜子單手抱征雄，另一隻手拿著昌男從東帝汶寄來的信，哭著衝向我：「哥！騙人！騙人！看看昌男從戰場寄來的信，封封都是捷報，日本絕不可能戰敗，日本不會投降啊！」激動地哭叫著。

接著文枝帶著憂鬱哀傷的眼神，沉重地說：「今天正午，昭和天皇以收音機發表『日本無條件投降』的聲明。」怎麼可能？這個青天霹靂的消息，我無法相信。文枝又說：「美軍在廣島、長崎投下原子爆彈，造成數十萬人死傷，整個城市毀滅。天皇一定是為守護全民的生命、財產，不得不宣告投降。日本一投降，我們家族將怎麼辦呢？」文枝紅著眼眶與鼻頭，囈語般喃喃自唸著。

天皇一宣布投降，台灣人歡欣鼓舞，舞龍舞獅大放鞭炮，瞬間都恢復用台語交談。戰爭末期，阿宏奉命成立下山海防部隊，以中尉部隊長身分，防守敵軍從台東登陸攻擊。日本投降後，解散部隊回台中農改所宿舍。此時家人被台灣暴民圍困數日無食，阿宏想偷偷去買食物，才出門便被打得遍體鱗傷，嚇得三更半夜帶著全家，逃離玻璃被打碎的宿舍，到我溪南的宿舍避難。

盟軍統帥麥克阿瑟命令在台日軍向盟軍成員之一的國府軍投降，蔣介石（中正）派陳儀到台灣接受日軍投降。一九四五年十月二十五日是台灣光復節，台灣重回祖國懷抱。一九四六年二月，除極少數擁有特殊技術人員被國民政府留任外，所有日本籍的軍、警、政、教人員全體被解職。在台日本人，四十八萬八千多人，開始強迫分批遣送回日本。國民政府限定每人只能帶一件行李、棉被一組，一千圓日幣現金、食糧兩袋，其餘家產，全數沒收充公。

遣送名單上，有母親的日本名字下山龍子，她認為一旦去了日本，一輩子無法再回到台灣。她叫我把全家人帶回去，她要孤身回馬烈巴，依親務農至死。第一道遣送令到達時，因為母親的堅持，耽誤我們登上遣送艇的時間，反而因禍得福，沒有葬身海底。

然而在日本的父親卻獲得我們全家族所搭的那艘遣送艦，疑似被魚雷擊沉，無一人生返的通知。且從此毫無音訊，只好報成失蹤人口。直到一九五二年四月二十四日父親去世，臨終前還唸著：「我要先回天國和台灣的家人團聚。」

我的舅舅阿姨們聽到日本人開始要被遣送回去，突然湧到我的宿舍說：「珍貴的公主得落葉歸根，不許帶去日本。」於是母親和亞娃依阿姨、靜子、征雄被馬烈巴親友搶走。阿宏被國民政府留任為農業改良技師，文枝和孩子吵著要回日本，若將母親託付阿宏，可說兩全其美，我就能安心回日本。可恨飽受台灣人驚嚇的阿宏，耳聞很多日本人被殺死，正好埔里的中村部長被台灣暴民殺死，膽小的他依賴我成性，堅持：「哥若回日本我絕不留台灣。哥留下來我才要留下來。」為了照料年邁多病的母親，除了趕到馬烈巴，我還有路嗎？

我泣求文枝先帶兒女回日本，他日母親肯去日本或回天國後，我一定設法回去團聚。文枝咬破雙手拇指，垂淚苦思，終於決定全家人同去馬烈巴孝養母親，我立刻到新成立的埔里區公所找區長陳鳴環，他同情我們的遭遇，特別允許暫時遷住到馬烈巴去。

溪南真是個人情味濃郁的好地方，眾人出錢出力為我們雇一台卡車，送給我們八罐米和各種食物，還有七位青年幫我們搬行李，送我們到霧社。

鳥居叔叔購於霧社街頭的房子已充公，他借住舊警察俱樂部。叔叔說：「我已是台灣人，寧死也不回日本。」求我為他申辦一起住到馬烈巴的手續，等獲得許可證後他就趕到馬烈巴來。馬烈巴的親戚六人來接我們，三個孩子被揹著，文枝抱著操子坐上竹轎，被兩個壯丁抬著，有一個人揹著我們換洗的各一套衣服、炊具、一罐米，其餘的行李都放在鳥居叔叔住處，等馬烈巴親戚忙完運送日本人下山後，再搬上山。

數日後，鳥居叔叔來電話：「我到埔里送別友人住了一夜，結果我們兩家的東西遭竊一空。」我急忙趕到霧社，兩人一起到霧社派出所報案，承辦人愛理不理說：「我們只接受中國人報案，你們日本人到日本報案吧！」已成亡國奴，遭竊一貧如洗，又能如何？

當我回到出生地馬烈巴，景色依舊人事全非。日本人只剩石川主任和古市公醫。主任安排我們暫住於昔時的宿舍，懷念的精工舍大立鐘，好似父親般屹立著等待遊子。馬烈巴駐在所也更名為南投縣仁愛鄉力行村望洋派出所，昔時漢人黃姓警丁升任派出所主管，馬烈巴的橋本和野上也升任警察了。

黃姓主管利用蓄產交易所，訛詐山民的勞力和山產品。我指責他不該魚肉村民，他懷恨在心，竟把我們趕出警察宿舍。突然間失去居所，幾經尋找，只有舊卡目甲烏社可烏卡恩吊人頭的櫸木上方斷崖邊，尚存一間外頭下大雨裡頭也下小雨的廢屋勉強可住，無論如何總比餐風露宿好。後來橋本警察可憐我們孤居鬼地破屋，發動村民在他家下方蓋了一間山屋讓我們住。

生活驟變，水土食物不合，文枝、母親和我相繼病倒。沒生育的猶凱依阿姨，把我的孩子們帶回其家照料。幸虧古市公醫尚願為我們診療，但是醫藥不足，文枝瘧疾引發心臟衰竭，公醫兩度宣告死亡。我和孩子真誠地哭求她不能死快回來，文枝憑著極度想為孩子活下去的意志力，兩度都復甦過來，公醫直呼：「這是不可能的奇蹟。」

接著換我從心窩到側腹、肚臍上劇痛如絞，隨著嘔吐感，全身冒冷汗。我將腳抬高頭垂床下防吐。母親請公醫來，他說：「這是胃痙攣。」趕緊替我打針服藥。

後來我接獲參加台中師範兩個月的研習後，可在國民小學任教的通知，我興奮地趕去住在阿宏的宿舍參加研習。

這時，剛好阿宏的二女兒綠出生，亞娃依阿姨到台中幫忙照料，留下罹瘧疾重症的媳婦靜子和孫子征雄，獨居於距離村莊有一段距離的白狗駐在所祝融餘屋內。母親、文枝、鳥居叔叔從馬烈巴輪流去照顧靜子與征雄，埔里的張進乾醫師也兩度去診治，然而靜子仍回天乏術，死後埋在瑞岩村。數日後，鳥居叔叔被發現陳屍在靜子墓邊，不知是病死、餓死或自殺？

研習期間，我和阿宏帶瘧疾藥品給母親服用，可憐三歲的外甥征雄，天真無邪地站在夜空下指著星星說：「舅舅，媽媽變成星星在看我呢！」聞之令人鼻酸，我們就把征雄帶到台中了。

有一天凌晨天未亮，大舅媽和兩個阿姨竟不約而同急著來敲門說：「貝克的靈魂來告知她將回巫毒汗了。」母親當時可能是迴光返照，還很有精神地用蕃語和她們聊了一會兒。

她們走後，母親對我說：「阿一，我是無知的高砂族，我寶貴的孫子們需要文枝和你照顧。我替文枝先去巫毒汗守護你們。你們不要悲傷，不能哭泣，遲早我們會在巫毒汗相聚的。」說完就斷氣了。那大約是民國三十五年三月中旬，我悲痛的將母親安葬在日本人墓地。

研習回來，文枝稍有起色，吵著要接孩子們回家。不料猶凱依阿姨和亞富•午馬姨丈堅持：「貝克臨終時交代，四個孩子中，一個要給我們撫養。」我們硬要把四個孩子都帶走，他們以和孩子們一起死要脅。典子也很奇怪，緊緊抱著其姨婆不跟我們走。沒辦法只得把典子留在大阿姨家了。

住到海拔一千七百公尺的高山部落，交通郵政都十分不便。我們收到五封遣送令，無奈都已超過時限。第六封，好不容易應該有足夠時間趕到基隆倉庫集合，偏偏我被台中情治單位拘押，馬烈巴的親友，沒有一個人肯幫文枝揹孩子下山。一個路途不熟的東京弱女子，怎麼帶著一群孩子下山趕到基隆？只能愣看著「最後的遣送令」，悲痛地飲泣了。

在南洋打敗仗的高砂義勇軍，陸續回到故里。他們愛穿日軍衣帽鞋，大搖大擺地在深山地區活動。為此，我三番兩次被情治單位約談，說我被密告將日軍三千多人藏匿於奇萊山區，準備反叛國民軍。所幸都約三、五日便讓我帶著輕傷回家。

民國三十六年三月中旬，因二二八事變，交通處處封閉，佐塚昌男突然由阿宏陪著，從台中步行，繞過東勢、梨山，現身馬烈巴。昌男說：

「日本戰敗後，我從南洋的東帝汶遣送回日本，滿心以為到日本就可和家人團聚。結果長野縣南佐久郡海瀨村的叔叔說：『你母親和妻兒所乘的遣送艦沉沒於太平洋，應該都葬身海底了。』這消息太沉痛，我絕對無法相信。於是返回東京找佐和子、晃男和你父親，答案都一樣。我仍不相信，心想：母親和靜子、征雄一定沒搭上遣送艦，一定還在台灣等我回去。於是申請回台灣尋親。

二月底，我們歸台日軍在和歌山縣田邊漁港集合，上船前伍長說：『目前台灣人和國府軍為爭政權進入戰況。若願留在日本的，政府會給你們日本籍，堅持回台灣的請上船。』原本就是日本籍，一心只想快點見到家人的我，第一個跑上船。到高雄下船，才知事態非常嚴重。好不容易通過國府軍和台灣人設的重重關卡，三月八日晚上抵達台中農改所，見到我母親和兒子很高興。我才不相信靜子死了，大家都喜歡故意捉弄我。阿一你是最真誠的人，快帶我去看靜子。」

當昌男看到靜子的墓碑，「啊！」的一聲，淚水和膝蓋一起跌落，突然暈倒在墓前。

為推廣高山蔬果，阿宏也擔任霧社農校農業指導所的農業技術指導員，政府配發了一間宿舍給他。那天晚上，我倆陪伴傷心欲絕的昌男走回那間宿舍時，突然出現了一群神祕的不速之客，其中包括謝雪紅等人，他們遊說我們兄弟：「國民政府的軍警官吏，貪贓枉法不守紀律，只會欺壓善良百姓。你們泰雅族最英勇擅戰，深明大義地引發過震驚國際的霧社事件。現在全台灣人正團結一致在和國民黨軍抗戰。你倆兄弟實在應該發揮影響力，發動高砂族響應，共同推翻國民政府。台灣本就該回歸你們台灣人管呀！」

當下我和阿宏義正詞嚴的拒絕：「日本戰敗後，台灣理所當然的該回歸其祖國。奉勸諸位不要再擾亂台灣的安定和治安。」

先前我被密告將三千多日軍藏匿奇萊山的案件尚未結案，又被密告謝雪紅一行人也被我暗藏奇萊山中，準備和日軍合力對抗政府。真是屋漏偏逢連夜雨啊。

滯留台灣深山的我，依約定每兩個月到台中情治單位報到。這次莫明其妙地，一進門雙手就被綁起來吊著毒打，逼問我：「你把謝雪紅和日軍三千人藏匿在何處？」「二七部隊台中師範的學生軍，是不是你策動的？」為了莫須有的罪名，我嚐盡各種酷刑，也暈倒多次，常被冷水潑醒後又反覆逼供。若不是想到山中受苦受難的妻子、兒女，我必然早就熬不過煎逼，走向黃泉。

問心無愧、求生意志高昂的我沒向惡勢力低頭。深居高山不問世事煩慮的我，後知後覺地走過死亡的幽谷，方知台灣發生了重大的二二八事件。

民國三十六年二月二十七日，台北大稻埕一個賣私菸的寡婦林江邁，被菸酒公賣局的六位取締官沒收私菸和錢。林婦為撫養家中老小，哭著跪求還錢，那些黑心惡官不但不同情，還把林婦推倒，以槍托踹打成重傷。

原本祖國意識強烈，歡喜回歸祖國的台灣人，看到陳儀帶來接收台灣的國府軍，衣著不整，渙散無章，身揹鍋蓋、雜物，腳穿草鞋，像極逃難者。加上知識程度不高，不講究衛生，光會欺壓百姓，讓台灣人從高度期望到極度失望，都不願意被一群貪得無厭，高傲不講理的新官統治。林婦事件正好讓不滿的台灣人借題發揮，宣洩怒氣，和國民政府的軍警對陣，占領廣播電台，呼籲全台團結一致，共同趕走新政府，台灣政權，台灣自理。

三月八日，國民黨正規軍從大陸到台灣的基隆、高雄登陸，鎮壓反叛軍，造成台灣人死傷數十萬。親日分子和台灣菁英被殺的最多，這就是二二八事件。

此事件最後一役，由留學日本的黃金島領導台中一中、台中師範的二七學生部隊三十多人，三月十六日在埔里烏牛欄（愛蘭橋）和從日月潭來的七百多國民黨軍決戰，學生軍潰散後，謝雪紅等逃遁入山區。最後知道謝雪紅逃到廈門，此事件才算終結，我才被釋放。

民國三十六年十二月底深夜，文枝陣痛，在完全沒有醫護人員的深山野地裡，幸虧前四個孩子由產婆接生的過程，我都親眼目睹，因此在松柴火暗淡的燈光下，親自迎接下山誠來到世間。

文枝產後第三天，鄰居到學校緊急相告。原來家中無存糧，文枝起身舂小米，因用力導至腸子流出體外，倒臥血泊。我把文枝抱到床上後，立即借用警察電話，求馬卡納集曾當過護士的梅子來相救。她看了說：「不曾見過此情況，愛莫能助。」情急之下，我以洗得乾乾淨淨的雙手，將腸子塞進文枝的腹腔，連一顆消炎止痛藥都到不了手，只能求文枝靜臥好好休養，求她為了孩子和我，堅強地忍痛活下去。感謝堅忍的文枝，她終於熬了過來。

深沮喪於回日本已鐵定無門，本想認命的在百業俱退廢成半原始生活的馬烈巴務農養家。但深明大義的文枝不肯，她說：「我依然可以隻身到無人敢耕種的可烏卡恩鬼地學著種地瓜、芋頭、小米、樹豆等維持生活。可你是師範畢業生，不要計較都沒領到薪津，善用專才，貢獻給無辜失學的可憐學童們，才是你目前該為母親的族人盡的責任。」

看到文枝赤足荷鋤，背著竹簍筐，日出而作日入而息，雙手結滿厚繭，全家人身穿文枝學族人抽麻纖維紡線織成蕃布的粗麻衣，我心痛如絞。我到情治單位報到時，文枝為填飽孩子的飢腸，赤足著麻衣在雪地尋找食物，結果暈倒鬼田，若不是被小舅舅夫婦發現，不餓死也凍死了。

我恨自己真是孬種，娶到如此賢德的日本貴族女，卻讓她隨我在蠻荒的深山，受盡煎熬。我真的萬般無奈，該怎麼辦呢？

從民國三十五年到四十一年六月，在文枝的鼓勵支持下，我幾乎都以無薪義務教師度生涯。早期數年，我集合白狗蕃、馬烈巴蕃學童們，一人肩挑校長、老師、工友之職來教育他們。陸陸續續，有些人肯暫留蠻荒不便的力行國小，從事教育工作，但一直明顯人手不足。

其間曾模仿蕃產交易所辦法，想一兼兩顧為家庭和村民而努力，但約兩個月後就被告密，說我為收買人心企圖反叛，因此被迫停止。後來仁愛鄉第二屆鄉長，曾被日警安排娶花岡二郎遺孀高山初子（高彩雲）的中山清（高永清），自幼是我的好朋友，他因同情而聘我擔任力行村幹事，約兩個月又被密告，以外國人不能當公務員撤職。

脣亡齒寒，失去國家保護的亡國奴，誰來保障工作權和教育生存權？我不能讓兒女一直得不到學籍，飢餓時似丐童到處向村民討地瓜吃；不能再讓過勞的文枝生命遭受危害。我們必須下山去申辦歸化為中華民國國民，尋求新國家的保護，才有可能過正常平凡安定的日子。

民國四十一年初，首度全家下山到霧社申請歸化國籍，因典子、操子照片上的光頭被我以黑墨塗色而被退回。同年七月，第二度全家下山到霧社申辦歸化國籍手續，孩子們終於獲准暫無學籍寄讀仁愛國小。頭兩年我到處找臨時工勉強糊口。高鄉長以為我們已經申請歸化手續，安插鄉公所臨時雇員該不成問題，結果才上班兩個多月又被密告。反正要遭革職，我乾脆扛下令鄉長傷腦筋的清流、中原埤圳貪汙案下台。為了生活，阿宏叫我到霧社電源保護站的苗圃（昔農業指導所）當工人。

有一天，保護站主任林淵霖來巡視指導，他畢業於東京早稻田大學，在日本生活過十五年，極同情我的身世遭遇。他說：「為偵測氣象，美資在霧社電源保護站成立高峰、立鷹、廬山三座瞭望台，但被派到高峰瞭望台的人，都只住一夜，因被鬼怪騷擾，寧願被革職，也不肯再上山服務。假如我聘你為臨時雇員，單槍匹馬到那鬧鬼的地方，白天每兩個小時觀察記錄天象，包括：風向風力、溫度、溼度、雨量、雲彩的變化。缺雨時趁烏雲飛臨，燒含碘化銀的木炭製人造雨。住在強化玻璃屋裡，日夜只要發現疑似火燒山，即刻以電話通知保護站和霧社分局。那個人人害怕的鬼地，只要你膽子夠大，沒人和你爭工作，你可以安心的按月領薪水，安頓家庭。」

高峰瞭望台設在我岳父首度當理蕃警察的巴蘭社。那兒曾是日本軍警進攻霧社蕃地的大戰場，雙方戰死無數。為了妻兒的生活，我孤獨地守護瞭望台五年半，直到霧社也成立氣象觀測所，新主任劉朝顯把我調回霧社電源保護站。這裡往日是霧社公學校，霧社事件時曾死傷無數呢！

我們從馬烈巴下來後，首先擠在阿宏的宿舍，再搬到昔日霧社公眾浴場、再搬到指導所的工寮、又搬回霧社山地宿泊所，直到民國四十五年，郵局恢復營業，文枝被聘為臨時雇員，我們搬進郵局宿舍。不到四年搬家五次。民國五十二年，操子師範畢業，以她的薪水分期付款購買了霧社農校上方的房子，我們的生活才算安定了。

民國四十三年五月，我們終於獲得內政部許可，拿到歸化為中華民國國籍的證書。希望不堪如我，也能如林木般有用處、為家庭，社會國家有所奉獻，因此申請歸化時選擇姓林。當我名叫下山一時，大部分生活於坎坷黑暗中，期望歸化後轉運光明，因此我為自己取名光明，從此追尋光明的一生。

失去國家保護的下山一，做任何事都被密告受阻，馬烈巴六年半歲月大部分做無俸給的義務教師，每兩個月還得到台中情治單位報到。四個孩子平時和代和武進教室上課，誠躺在樹下蕃布吊床由操子看顧。課餘則結伴尋找餵乳婦到處找奶水讓誠喝。

抽麻紡成線、植物染、織布縫成麻衣，文枝都能得心應手，下山家已能適應山地生活了。但是回日無門，兒女無法取得學籍，為前途著想，只能下山申請歸化國籍，一和文枝決定搬到霧社。（前操子、和代、文枝抱誠，後排左武，右下山一）

日本時代人口最多的馬烈巴（力行村望洋）因地層滑落崩塌遷移至哌魯曼（太陽部落）下面，這兩村看似一個村落了，看來哌魯曼使人敬畏的馬赫尼早已走入歷史。

古時吊掛出草人頭的大櫸木盛傳鬧鬼，因此離村落又近又平坦的可烏卡恩這塊鬼地，只有文枝和下山一敢去耕種。文枝每天赤足日出而作日落才歸，曾飢寒交迫昏死於此。

民國41年，下山一全家從馬烈巴到霧社走了14個鐘頭，暫時借住下山宏家。下山一和文枝站在櫻花台決心為兒女追尋光明的人生。

仁愛鄉第二任鄉長高永清之妻即花岡二郎遺孀，為花岡留下遺腹子的高彩雲（初子），她是文枝小學校、高等科同班同學，因不忍同學落難曾協助安插當村幹事、鄉公所臨時雇員。（左一下山一、左二高鄉長、左四高彩雲、右一井上文枝）

瞬間淪為亡國奴的下山一一家和靜子落難深山，過著比乞丐更窮困潦倒的生活。（左一下山一，左二亞富頭目生的14個兒女中唯一存活的阿金・亞富，右井上文枝抱著誠）

美國出資在廬山、立鷹、高峰建立氣象觀測所，高峰曾是巴蘭最大蕃社，日本討伐霧社之役此地死傷慘重，村民遷中原後荒蕪傳鬧鬼。下山一受聘當臨時雇員孤守高峰，家人生活才算穩定。（外國人為美國大使）

下山一最失意落魄潦倒時的酒鬼朋友。他整日沉浸酒海麻醉自己，曾吐血溢滿臉盆、曾與毒蛇醉蓋同被。

醉生夢死非為夫為父者該為。當時師範畢業者算高學歷，但為了養活妻兒，下山一搬進濁水溪畔農業指導所空屋，當林務局苗圃的工人。（雙手提水澆樹苗的苗圃工人下山一）

高峰瞭望台的工作是每兩個小時要記錄溫度、溼度、風力、風向、雲彩、雲量、雨量、火災等，並以電話向霧社電源保護站報告。久旱不雨時下山一還要燒碘化銀碳製人造雨。

文枝受雇於埔里人陳春麟所開的大峯行雜貨店內附設之郵政代辦所。（左二陳春麟、右二井上文枝和來考察郵務人員）

霧社電源保護站就是霧社事件時的公學校，升旗台周圍改成氣象觀測所，主任換成很會講日語的中國東北人劉朝顯，他同情下山一孤守高峰六年，將其調回霧社。（左三劉朝顯，右二下山一）

民國52年操子師範畢業，以其薪俸按月付五百元貸款方式，於霧社農校上方買下屬於下山家在台灣的第一棟自己的房子。（下山家屋前的下山一、井上文枝夫妻和五個兒女）

東京讀賣新聞社記者奧村，不相信文枝一家人是山地人，為他們家人照相刊登報端。拜奧村之賜下山家才與日本親友取得聯繫。（前排武、操子、誠、典子、和代。後排下山一和井上文枝）

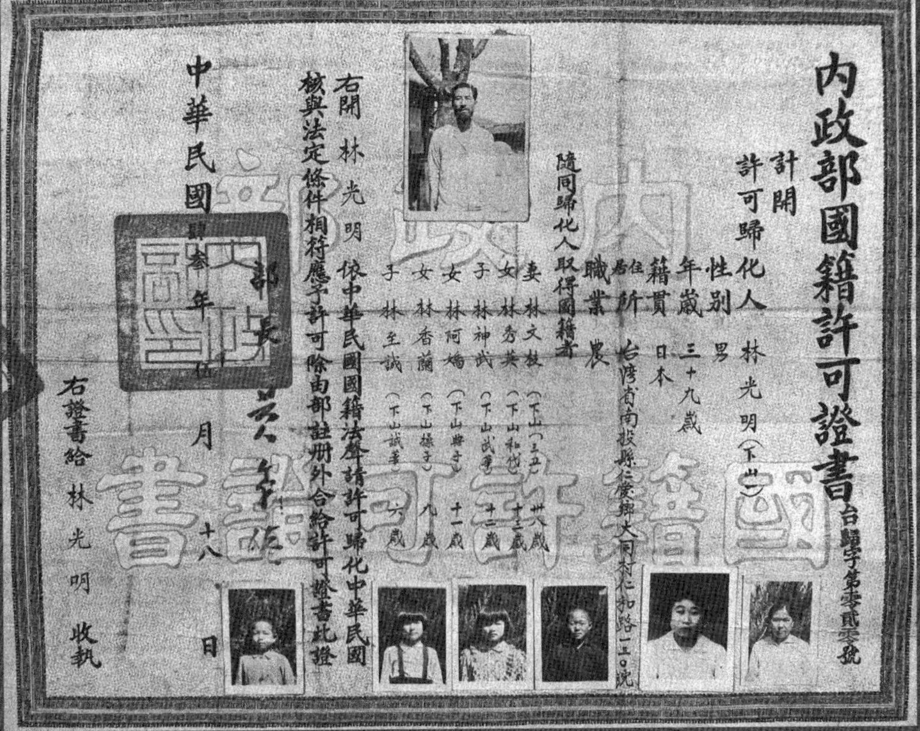

內政部國籍許可證書

台歸字第零貳零號

許可歸化人	林光明（下山一）
性別	男
年歲	三十九歲
籍貫	日本
住所	台灣省南投縣仁愛鄉大同村仁和路一五〇號
職業	農

隨同歸化人取得國籍者

妻	林文枝	（下山ユキ）	卅六歲
女	林秀英	（下山和枝）	十三歲
子	林神武	（下山武彥）	十二歲
女	林阿嬌	（下山幸子）	十一歲
女	林香蘭	（下山操子）	九歲
子	林至誠	（下山誠章）	六歲

右開 林光明 依中華民國國籍法聲請許可歸化中華民國核與法定條件相符應予許可除由部註冊外合給許可證書此證

部長

中華民國肆拾參年伍月十八日

右證書給 林光明 收執

下山一夫妻為兒女教育前途與生存申請歸化為中華民國國民。公文幾經往返，民國43年5月獲准的證書，遲至44年初才到手。

第十五話

流與轉的幻夢人生

日本父親這顆落花生種，播種在台灣母親這塊土地上，漸漸拓展散落各處。我深深地感觸到「久居之地便成家鄉」的道理。我真心希望居住在這兒的人們，能惜緣惜福，因為這一切的流轉，都是出自多麼難得的緣分啊。

民國五十八（一九六九）年七月，我依政令以臨時雇員身分滿五十五歲退休了。退休後有兩條路供我選擇：其一，當時的南投縣縣長林洋港答應，台中師範學校畢業，已歸化為中華民國國籍的我，回歸教育界服務，這是一條康莊大道，文枝和孩子們都期盼我選這條路，和代和操子也為此拚命教我中文。其二，日本耶穌御靈教會監督村井屯和伊藤勝治牧師等，請求我做專業牧師，為教會在台灣做開路先鋒，拓展教會宣揚主耶穌福音的事功。台灣光復已二十四年，我的中文實在很差，假如用日語宣教勢必崎嶇難行。

文枝說：「嫁給你後，我只享受過六年正常安定的日子。請你選擇回歸教壇，從現在到勒令退休還有十年，退休後能領足夠養老的退休金，我想依賴你一輩子，不希望給兒女添加負擔。」可是我在文枝殷殷期盼的眼神下，仍選擇了當專業牧師之路。我這孬種，似註定要一輩子對不起至愛的妻子了。

有時我捫心自問：為何要選擇傷害妻心，得不到愛妻諒解的苦路呢？

和代和操子擔任國小教師，阿武是電力公司正式職員，阿誠擔任台北文化大學教官。雖然典子受其養父母限制，只有國小畢業，但現在嫁給從小學、高等科、青年學校一直由我當級任的好好先生林燕騰。五個孩子的生活都安定美滿，又十分孝順。且讓我甜蜜的將文枝託付孩子們，讓我投身成為博愛之主耶穌的僕人，終身奉獻傳揚信、望、愛的福音吧！

回顧我選擇當專業牧師的心路歷程，腦海立刻浮現胸懷寬大，以愛報父仇的基督徒公醫井上伊之助。當我和他初邂逅時，是個充滿恨世憤懣的鬱卒人。若沒被他的言行感化，可能一輩子活在仇恨中而成為不仁不義的惡人。

獨居荒無人煙的高峰瞭望台五年半，除了兒女和工作夥伴，只有基督徒偶爾肯移步山頂，傳講主耶穌的大愛，唱聖歌，禱告、安慰孤獨的我。

猶記得台北療養院的日本信徒高啟子送給我《聖經》，在牧師引領下共讀〈創世紀〉第一章第一節「起初上帝創造天地」、第二十七節「上帝就照自己的形像造人」，我深深受到感動。向來疑惑人類始祖到底源自何處？頓時找到答案。若非受家父影響自幼篤信佛教；若信教能自己選擇，我會信奉創造天地萬物的唯一真神。

民國五十七年初耶穌御靈教會牧師伊藤勝治、彭高陽突然找上我家傳教。伊藤牧師說：「耶穌御靈教會源起於日本，創教監督村井屯原本是真耶穌教會的傳教士，他深深為了自己受洗得永生死後將升天國，但是在天國見不到父母至親而苦惱，於是跳海想自盡。不料一道光芒阻擋，無法落海，耳中響起耶穌的聲音：你因何自殺？回去精研《聖經》，照自己領悟，另創『御靈教會』。村井屯細心研究《聖經》，發現許多章節可使已死的至親好友，由我們替代洗禮得到永生。例如：〈哥林多前書〉十五章二九小節、〈約翰福音〉二十章二二、二三小節、〈撒母耳記〉上二章六節……等。耶穌的聖光開啟村井屯，讓他創立耶穌御靈教會，希望將此福音傳向世界各國。」

伊藤牧師多次到霧社，求我受洗成基督徒，甚至請求我當牧師，共同拓展御靈教會廣佈福音。我和文枝始終遲疑不決。

這時曾兩度流產的操子，從肚腹又流出兩塊肉團而住院，安東醫院的張進乾醫師驗血驗尿後宣布：「胎死腹中，必須刮除。」操子不聽醫師勸言，回家休養，伊藤牧師趕去為她禱告，並說：「耶穌是又真又活之神。請看〈撒母耳記〉上二章六節：耶和華使人死，也使人活；使人下陰間，也使人升天國。」結合你們家人和我們教會的眾弟兄，為操子禱告，求主保守她肚內的胎兒起死回生吧！

我們日夜虔誠禱告求主。

一個月後，操子終於止血了，她到安東醫院，張醫師十分震驚：「奇蹟！操子的胎兒活著！在成長！不可能！我行醫四十多年，首次遇到如此神奇的病例。」深受感動的我和文枝於是在霧社濁水溪畔，接受伊藤勝治牧師的洗禮，成為基督徒。民國五十七年十月，操子神奇地生下完全健全的舜泰。

耶穌御靈教會首次在我家樓下舉行台灣大聖會。由村井屯監督帶著伊藤、吉康巴夫等三十多位日本來的牧師、教友，和我們台灣十數位共同祈禱之下，將我家的神龕和祖宗牌位焚化，我被任命為兼職牧師。

人生不如意十常八九，偏偏人心很脆弱，這時若能善用《聖經》話語慰勉，往往可引領走出迷途。換句話說：世上有許多受災受難如我的人，藉宗教力量，憑博愛之主，信、望、愛（誠信、希望、關愛）的光明福音，為主耶穌所揀選的迷途羔羊，照亮回歸主耶穌懷抱的崎嶇小路，我認為這就是我該走的路。

御靈教會的《聖經》、教義、讚美詩都是日文的，我從曾教過的學生中，揀選杜欽龍、黃春華、賴炳華和其夫人當牧師，他們一致要求把《聖經》、教義、讚美詩改成中文，才能在台灣推展。還好操子一直為教會做翻譯事工，並提供其住家作為埔里聖靈教會。同時，操子也堅持「御靈」兩字不適宜，中文非改成「聖靈」不可。黃春華牧師的家也成「南豐聖靈教會」、施清林（依韻・哈波）的家則成「中原聖靈教會」。這三個家庭聚會所，我風雨無阻，每週去佈道。

我隨阿武搬到台中市，黃春華捐地蓋南豐聖靈教會，教會年度大盛事「台灣大聖會」改在南豐舉行，中、日、韓……等各國信徒，聚集共享福音的信眾越來越多了。

民國八十二年台灣大聖會後，我把台灣的監督權交給黃春華牧師。年老體衰的我，每週末就只在中原、埔里佈道了。

各自擁有自己的房子，生活都小康的五個孩子，開始積極籌劃我滿八十歲（七月一日）家族成團返日本探親旅遊。我心知主將恩召我回歸安息，親自到眉原——阿武、操子、阿誠所購養老之地，選中靠賓士不甘溪（北港溪）畔的懸崖台地，為我們下山家族安息之所，那兒視野極佳，有三棵高大巨松。我還特別囑咐孩子們：屆時要去馬烈巴接迎其祖母遺骨，其祖父的骨灰罎貼其全身照，三個罎子放在面向馬烈巴那一邊。

另外，民國六十一年中日斷交時，霧社事件殉難者的紀念碑遭毀壞，為安撫一百三十二個罹難熟人之靈，我收藏桃狀紀念碑之頭部，為他們求主耶穌憐憫，若魂魄無去處的就永居桃狀碑頭。這個一定要豎立在下山家族的墓邊。

民國八十三年，我滿八十歲、文枝虛八十歲，我倆已無體力回日本。想辦八十壽宴，邀請我倆想見個面的親朋好友聚聚。日期我要求兒女定在文枝的生日，六月十二日。

當天，阿誠的客廳布置紅布金「壽」字的壽堂，一對壽燭、一對壽麵、一對壽桃，充滿喜氣，接受兒孫中國傳統式的跪拜禮和祝壽語。我倆以紅包回禮時兒孫都很開心。

接著到三樂飯店包廂和親戚、同學、教友、學生、朋友共十桌，歡聚敘舊。啊！年已八十，尚能為教友服務，尚能和親友相聚。真的！我已經追尋到光明的一生了。

猶記得師範學校畢業時，因為台語成績贏我，以第一名畢業的黃其萬同學，自幼是基督徒，畢業後，甜蜜地娶青梅竹馬初戀女為妻。萬萬沒想到，愛妻出軌，且對象居然是師範同班同學。他傷心的離婚後，棄教職從商，從此奔走於台灣、中國大陸、香港、日本各地經商。從報上獲知這位昔日好友已成日本大富翁，回饋母校數十萬元。

民國四十五年的某一天，他突然現身我家（郵局宿舍），當時歸化中華民國國籍的證書到手不久，赤貧如洗的我們，對於回歸日本之事早已灰心喪志了。不料他又點燃希望。

他重挫於愛妻背叛之痛，一直沒再娶，很羨慕世上有如文枝這般顧家、相夫教子的好女性。對我說：「我好嫉妒你呀！娶個願隨夫孝順母親，到台灣深山受苦受難的好老婆。真幸福！其實她內心一定非常期望回故鄉。俗話說：『有錢能使鬼推磨。』雖然你們已拿到了中華民國國籍，只要願意，我絕對有把握帶你們全家回去日本。」

兒女們每次看到黃其萬，興奮難抑的直叫：「想回去日本！」誰也料想不到不肯接受黃善意資助的，只有出身日本武士世家的文枝，她都回以：「無功不受祿。我們終有一天會靠自家人的努力，達成全家一起回日本的心願。」

民國六十年，我同父異母的弟弟下山佐治男夫妻和其女到霧社探望我們。他自信滿滿的說：「以我們黑龍會和蔣介石、蔣經國的關係，我隨時可以把大哥全家人帶回日本。父親不知你們尚存活於台灣，臨終沒給你們遺產，只要你和阿宏回日本，家母交代，至少要各送一棟房子給你倆當補償。」但是文枝依然堅持，絕不接受施捨。

後來阿宏不告而別回日本後，他們真的送阿宏一棟東京鬧區的房子，他先在那裡開餐飲店。後來因為敏子、佐塚晃男都在橫濱，於是賣掉房子，改買橫濱市戶塚區的「古都」餐飲店，那兒尚有一片空地，讓阿宏自得其樂的繼續「拈花惹草」。

民國六十二年，下山治原本要和其妻到台灣探視我們，飛機一發動，有懼高症的阿治便暈倒送醫。我們在松山機場只接到弟媳久子，其留學美國的兒子聞訊，很快地到台灣陪伴其母。

民國六十四年，妻舅井上昌三病逝，我和文枝怕親友漸逝，終戰三十年，首度在如川（和代之夫）相陪下，申請回去日本。從此，我的異母弟弟們，要我約每隔兩年帶著全家人回日本旅遊兼探親，費用完全由他們支付，當成對沒分到遺產的我的補償。但是因為受文枝影響，兒女們都不接受他們的好意，每次幾乎都是我一個人去，惟有一次是由孫女莉萍、外孫虹芸作陪回去日本。

他們如此重視親情的作為，是受到仲子阿姨高風亮節的家教所影響的吧！我由衷地感動，臨老才想改口叫她「媽媽」，但是一見面卻喊不出口，是我終身的憾事。

從此敏子、春代、佐和子、晃男……等親友頻頻到台灣來。我們是到民國七十六年，政府開放出國旅遊，我的兒孫才能先旅遊再滯留日本探親。

當我和文枝首次重回故國時，彼此想見的親友太多了，於是和阿宏等成立「霧社會」，廣邀曾住過霧社、埔里的親友和我們相聚。大家一致希望「霧社會」持續成為年度會，分別在日本、霧社兩地，每年讓昔時親友和其家眷朋友，共聚敘舊。

敏子首次踏回馬烈巴時，這座山不停的崩落成危險地帶，全村早已遷居新望洋（馬烈巴）部落了。我們在親戚協助下，找到崩落數公尺母親的墳墓，撿拾其遺骨，暫時改葬於兩個阿姨昔時住處，希望等我死後，由我的兒女們將家母的遺骨，接迎回歸「下山家之墓」共同安眠。

真是世事多變化，昔時泰雅族人口最多的村落，現在已經變成公墓了。

馬烈巴的親戚除了瓦利斯舅舅、阿金表妹等少數老人外，幾乎沒有人認識敏子了。她便鼓勵成立「親戚會」，每年一度，分別在馬烈巴、埔里舉行，讓分散各地的親戚藉機相聚，連絡親情。

而說到親人分散各地，隨著交通的發達便利，我們下山家也成為國際家族，除了泰雅族人、日本人，還有：鄒族人、布農族人、閩南人、客家人、山東人、廣西人、上海人、日本人、韓國人、法國人、法越混血、德裔美國人……，我感慨這世界已成「地球村」了。

啊！日本父親這顆落花生種，播種在台灣母親這塊土地上，落地生根，漸漸拓展散落各處。我深深地感觸到「久居之地便成家鄉」的道理。我愛我的父母和兒孫及後代，我愛我的故鄉和家鄉。我真心希望居住在這地球村的人們，能惜緣惜福，和平共榮，共同愛護我們賴以生存的地球。因為這一切的流轉，都是出自多麼難得的緣分啊。

終戰三十週年，井上昌三病逝。文枝和下山一決定回睽違三十六年的故鄉。看到門鈴上尚掛著「井上昌三」，想到摯愛的雙親和昌三弟已天人永隔，文枝悲從中來，不禁痛哭。（文枝、弟媳美智子、下山一於家門前）

自從下山家有自己的房子後，研究歷史的日本學者、作家、記者電視台人員……等，接續來拜訪下山一，不知不覺中他變成埔里霧社的終身義務解說員。

下山一業餘最愛以倉庫的防鼠板雕刻泰雅族生活圖。下山宏任職台灣省政府農林廳山地農牧課，每當到高山指導改良蔬果，發現防鼠板即帶回來供其兄雕刻。

下山一老師滯留台灣的消息至民國54年初，才被青年學校開理髮店的潘姓學生證實。這些孩子大部分功成名就，成為社會菁英，從此一直以待長輩之禮恩報師長。

昔日霧社公學校的內田賢吉回霧社來，下山一以「愛諾米」泰雅之禮歡迎老同事，大家相見歡。（左起：下山一、內田賢吉、下山宏、乃先生）

雖然曾經貧困潦倒，雖然歷經千辛萬苦，只要父母成為堅強的精神支柱，兒女就能幸福成長。母親在那裡，全家團聚在那裡，幸福也就在那裡。（順時鐘文枝、和代、典子、武、操子、誠、下山一）

偶爾下山一牧師得入深山主持婚禮、喪儀；偶爾來自遠方的信徒專程到三女操子的家庭聚會所結婚，完全只會用日語的下山一牧師，若無操子事事協助，他的傳教之途會難上加難。

耶穌聖靈教會的佈道儀式（左日本總監むういすわ，右台灣總監下山一）

下山一夫婦八十歲生日，在兒女以壽燭、壽桃、壽麵布置的中式壽堂上，接受晚輩的跪拜祝壽禮。

下山一家族最珍貴的全家福照

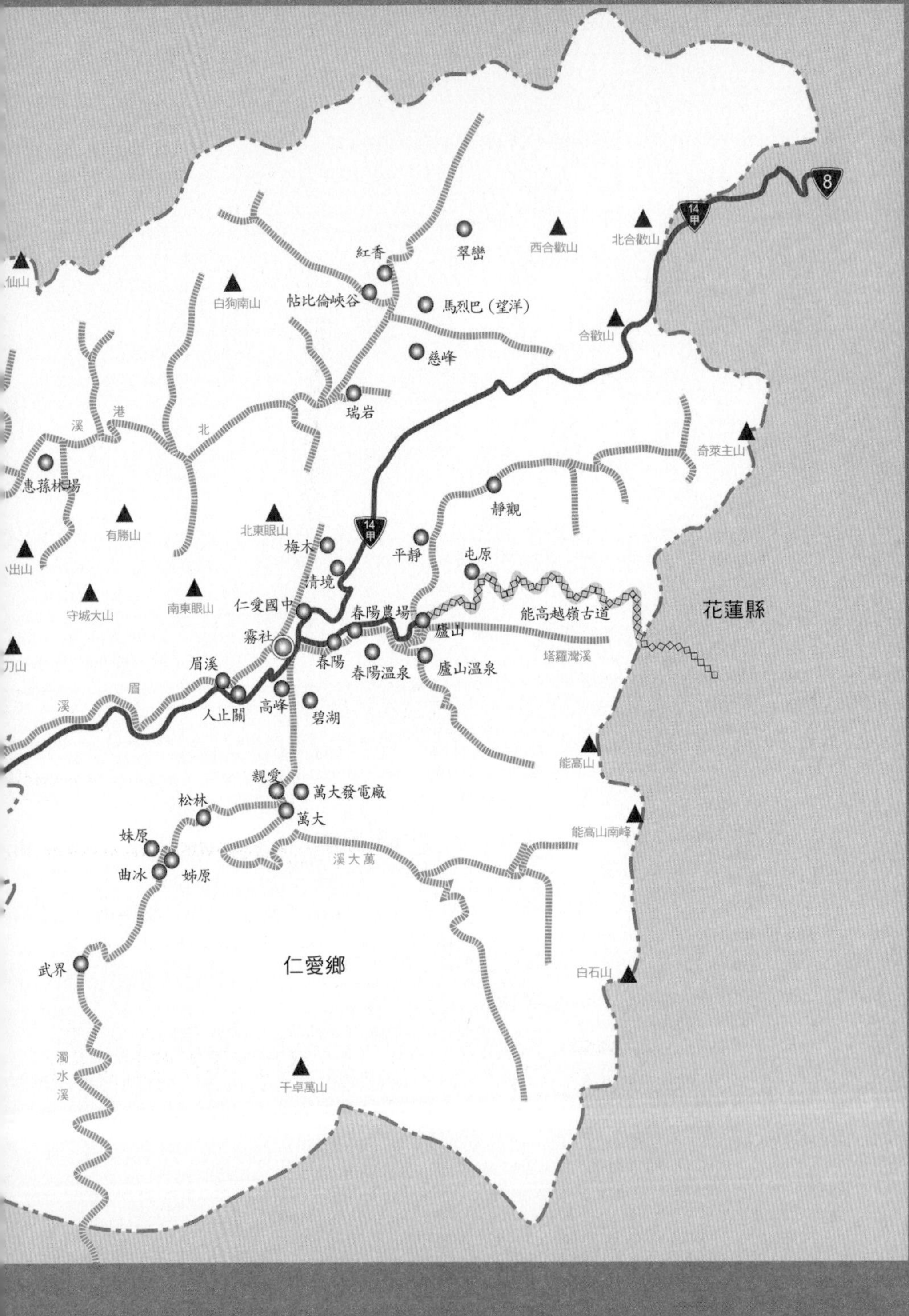
8
14甲
北合歡山
西合歡山
翠巒
紅香
帖比倫峽谷
馬烈巴（望洋）
白狗南山
合歡山
慈峰
瑞岩
港
溪
北
奇萊主山
惠蓀林場
有勝山
北東眼山
14甲
靜觀
梅木
平靜
屯原
清境
守城大山
南東眼山
仁愛國中
春陽農場
盧山
能高越嶺古道
花蓮縣
霧社
春陽
春陽溫泉
盧山溫泉
塔羅灣溪
眉溪
眉
溪
人止關
高峰
碧湖
能高山
親愛
萬大發電廠
松林
萬大
能高山南峰
妹原
曲冰
姊原
溪大萬
武界
仁愛鄉
白石山
濁水溪
干卓萬山

本書相關地圖

（以南投縣仁愛鄉為主要範圍）

今昔地名對照參考表

現今地名	日本時代地名	原地名
大同村 霧社	霧社	巴蘭
大同村 清境農場	見晴農場	斯拿寶
大同村 仁愛國中、介壽亭	ロードフ	羅多夫
春陽村 春陽	櫻	荷戈
春陽村 春陽溫泉	タロワン	塔羅彎
春陽村 春陽農場	スーク	斯庫
精英村 廬山	富士	波阿龍
精英村 廬山溫泉	富士溫泉	馬赫坡
精英村 平靜	タウツア	道澤
合作村 靜觀	トロック	德鹿谷
發祥村 瑞岩	マシトバン	馬悉多翁
發祥村 紅香	マカナヂ	馬卡納集
力行村 望洋	マレッパ（Malepa）	卡目甲烏
翠華村 翠巒	馬利可彎分遣所	卡木富富
中正村 過坑	過坑	卡度
法治村 武界	武界	富該以
萬豐村 曲冰	干卓萬	干達邦恩
親愛村 親愛	萬大	普魯卡彎
親愛村 萬大發電廠	萬大	
親愛村 松林	依拿各（Inago）	依拿各
互助村 清流	川中島	清流
互助村 中原	中原	中原
新生村 眉原	眉原	眉原

貝克・道雷的家族表

【泰雅族馬烈巴社頭目】
道雷・亞猶茲（高家）
○阿利・魯滾

【頭目之大弟】
酷卡恩・亞猶茲（吳家）
○①阿里・普恩
②姮巴斯・拉諾瓦

【頭目之二弟】
泰目・亞猶茲

【頭目之妹】
姮巴斯・亞猶茲（翁家）
○斯洋・午馬

【長子】
亞富・道雷（高清榮）
○猶酷茲・比泰（高劉明嬌）
【沙拉冒蕃西卡瑤社公主】

- 阿金・亞富（高阿琴）
  【頭目十四子女只存此女】
  ○亞高・瓦蘭（高秀雄）

【次子】
瓦歷史・道雷（高文生）
○①拉瓦・泰木
②拉瓦・諾幹

【長女】
貝克・道雷（高阿敏／下山龍子）
○下山治平

【次女】
猶凱依・道雷（翁高貴英）
○亞普・午馬（翁進財）

【三女】
利德克・道雷（蘭高金桂）
○凱蘭・那波（蘭德明）

｜：直系血親　○：配偶　（）：漢名／日文名　【】：註記

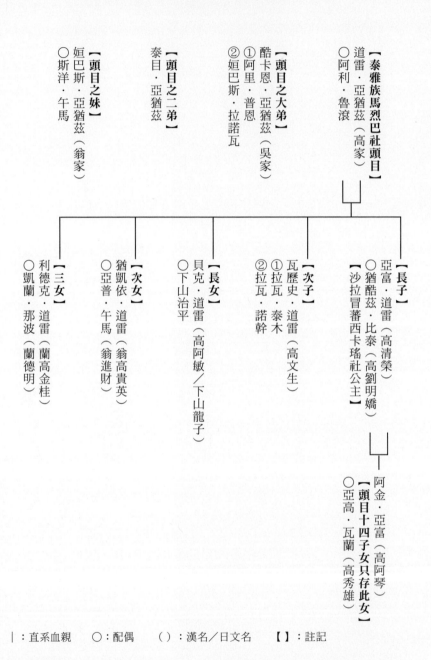

下山一的家族表

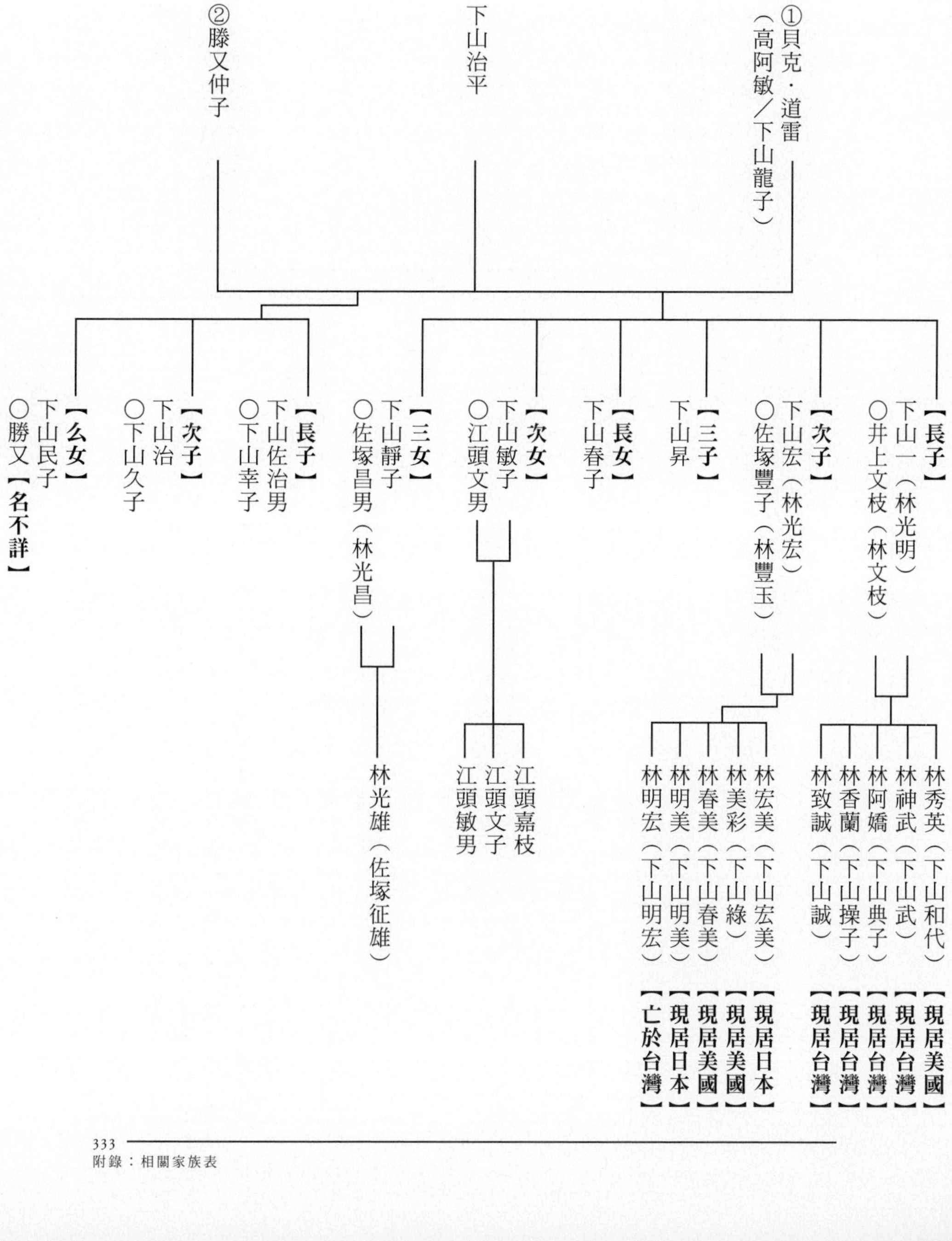
①貝克・道雷（高阿敏／下山龍子）
下山治平
②滕又仲子
【長子】下山一（林光明）
○井上文枝（林文枝）
【次子】下山宏（林光宏）
○佐塚豐子（林豐玉）
【三子】下山昇
【長女】下山春子
【次女】下山敏子
○江頭文男
【三女】下山靜子
○佐塚昌男（林光昌）
【長子】下山佐治男
○下山幸子
【次子】下山治
○下山久子
【么女】下山民子
○勝又【名不詳】
林秀英（下山和代）【現居美國】
林神武（下山武）【現居台灣】
林阿嬌（下山典子）【現居台灣】
林香蘭（下山操子）【現居台灣】
林致誠（下山誠）【現居台灣】
林宏美（下山宏美）【現居日本】
林美彩（下山綠）【現居美國】
林春美（下山春美）【現居美國】
林明美（下山明美）【現居日本】
林明宏（下山明宏）【亡於台灣】
江頭嘉枝
江頭文子
江頭敏男
林光雄（佐塚征雄）

政略婚姻日警佐塚愛祐和泰雅公主亞娃依．泰木的家族表

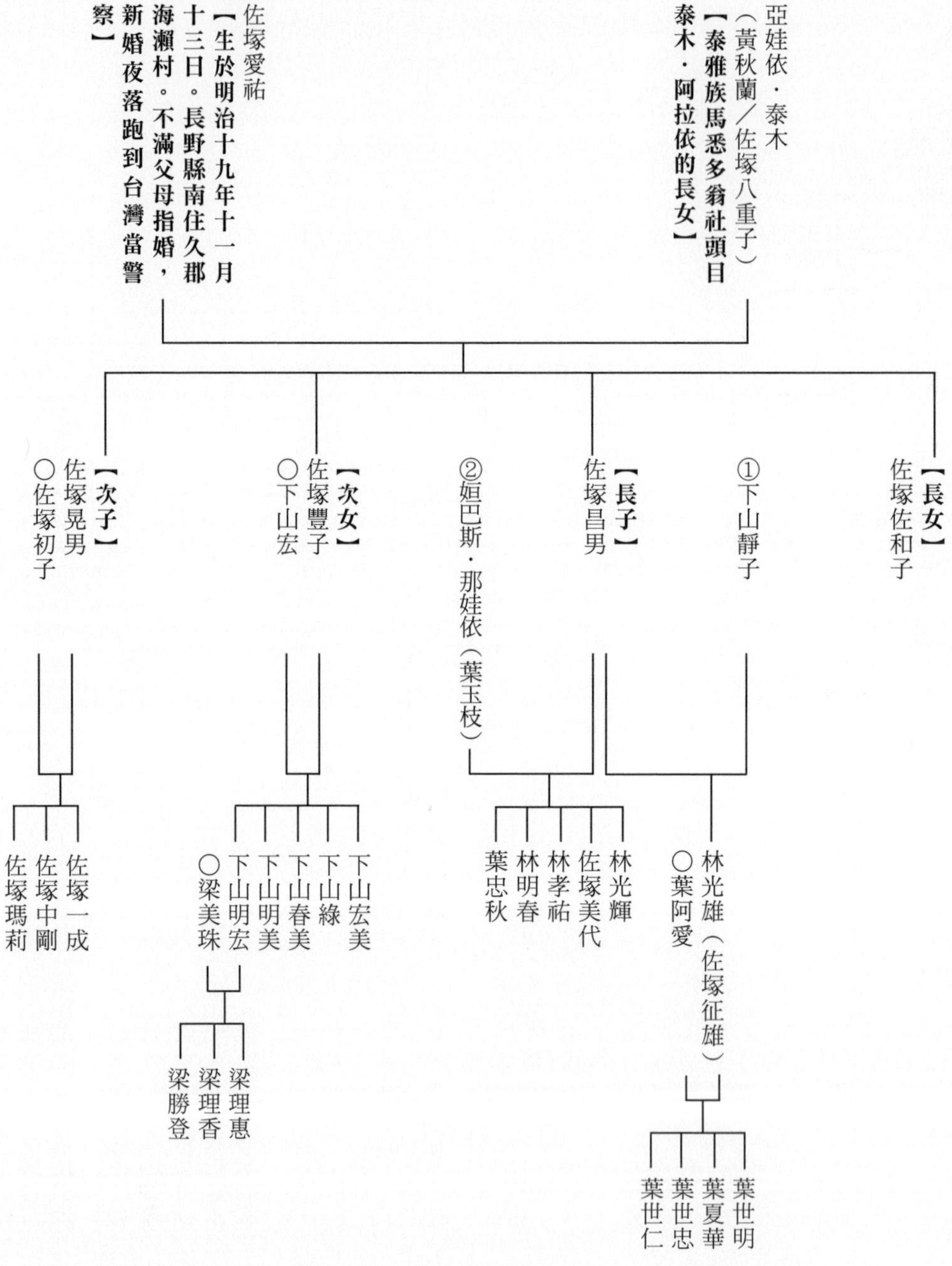

日警下松仙次郎和泰雅公主利德克・諾命家族表

- 【兄】下松宗次郎 — ○下松加野
  - 下松【女，名不詳】
  - 下松正雄
- ○下松加野 — 【弟】下松仙次郎
  - 下松道雄
- 【弟】下松仙次郎 — ○利德克・諾命（下松律子）
  - 【長子】下松義能武
  - 【次子】下松義則
  - 【三子】下松義治
  - 【長女】下松嘉江
  - 【次女，日本丈夫官田死後無子女改嫁台灣】下松安子 — ○羅冒亮
  - 【三女】下松八重子
  - 【四女】下松繪子

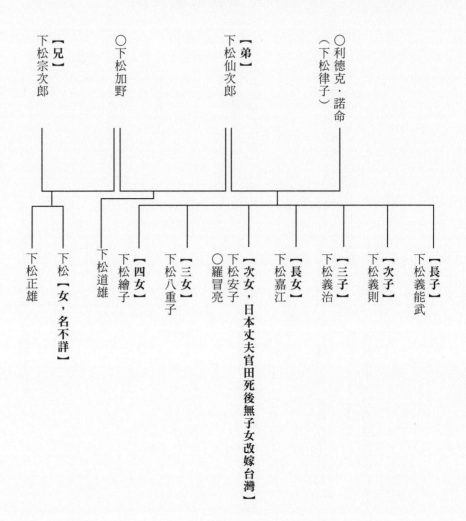

井上文枝的家族表

井上昌【日本東京】
○片桐喜久【岐阜縣高山市】

- 【長子，同父異母】井上昌一　○井上貞子
- 【長女】井上文枝　○下山一
- 【次女】井上春代　○島村
- 【次子】井上昌三　○井上美智子
- 【三女，台灣出生，送給內地人扶養】井上都自子
- 【四女，台灣出生，送給內地人扶養】井上嘉江
- 【三子，台灣出生，於當海軍時陣亡太平洋】井上修

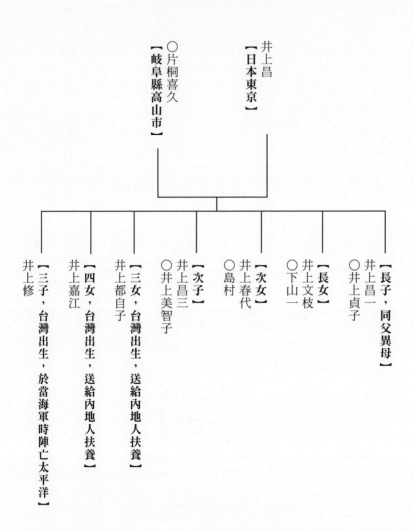

下山家族大事年表

1886（明治十九年） 下山治平出生於日本靜岡縣田方郡長伏十四番地。
1892（明治二十五年） 馬烈巴大頭目亞猶茲・道雷長女貝克・道雷出生。
1894（清光緒二十年） 中日甲午戰爭爆發。
1895（清光緒二十一年） 簽定中日馬關條約，遼東半島、台灣、澎湖諸島割讓給日本。
1905（明治三十八年） 治平由靜岡陸軍聯隊調派台灣台中干城營區。
1906（明治三十九年） 佐久間左馬太總督策定「五年理蕃計畫」。
治平參加紅頭突破人止關之役進入中央山脈山腰的霧社。
1907（明治四十年） 治平軍中退役考進甲種警官學校。
1909（明治四十二年） 治平參加討伐白狗蕃社戰役後，任白狗駐在所警察。
1911（明治四十四年） 卡目甲烏駐在所主任殉職，治平調任卡目甲烏在所警部主任，重建燒毀的駐在所，強迫卡目甲烏社民遷住易管理之處。
卡目甲烏社改稱馬烈巴社。
依上級指令，治平取貝克為妻，貝克・道雷取日本名下山龍子。
1912（大正元年） 治平長女下山春子出生，次年夏天肺炎去世。
1914（大正三年） 台灣全土納入日本殖民地的太魯閣戰役，治平任日本警察與味方蕃討伐隊隊長。
貝克隨治平參加太魯閣戰役，凱旋歸來次日，長男下山一出生。
1915（大正四年） 井上文枝在東京本鄉出生。
1916（大正五年） 治平次子下山宏出生。
1918（大正七年） 治平次女下山敏子出生。

1919（大正八年）　離乳即送養大塘正藏巡查的下山一，因病危送返親生父母治平和貝克。

1920（大正九年）　管轄蕃地的「支廳」改稱「分室」。

治平擔任沙拉冒事件日警與味方蕃討伐隊隊長，擄回最後戰役二十五個人頭，在霧社分室前舉行台灣最後的人頭祭。

貝克生三子下山昇，勝又仲子生下山佐治男。

總督府對蕃人的懷柔政策結束，從此法律前日本人、本島人、蕃人一律平等。

1921（大正十年）　井上昌（文枝之父）來台赴警察任務，全家隨父搬來台灣。

下山一到霧社小學校就讀，先住校舍，不久到霧社警察宿舍與勝又仲子阿姨和同父異母之弟佐治男同居。

1922（大正十一年）　井上昌調任霧社分室巴蘭駐在所巡查，其家眷住進霧社警察宿舍與下山一家毗鄰。

下山宏、井上文枝、佐塚昌男等同時到霧社小學校入學。

下山昇遭蛇咬致死。

1923（大正十二年）　裕仁攝政親王（昭和天皇）到霧社分室視察，親植一棵榕樹，認為蕃人之稱不妥，決定暫稱「先住民」，待人類學專家研究後，再正式定名。

貝克生三女下山靜子，仲子生下山治。

勝又仲子和佐治男治到馬烈巴和治平、貝克一起生活，年終能高郡守秋永長吉、警察課長帶着十多位軍警來視察，當夜因治平雙妻之事，爛醉的治平將郡守打成重傷，因此遭革職。

1924（大正十三年）　仲子、佐治男、治遷住埔里，貝克、一、宏、敏子、靜子移住霧社，治平在埔里糖廠、台車站服務，以台車往返埔里、霧社。

仲子生下山民子，仲子之妹勝又朝子來台照料，並鼓動其回日本。

1925（大正十四年）　治平和仲子帶所生兒女返回日本。

1927（昭和二年）下山一考進埔里北高等科。

1928（昭和三年）下山宏、井上文枝、佐塚昌男、高山初子、川野花子考進埔里北高等科。

1929（昭和四年）下山一考進台中師範學校。

井上文枝被井上敬收養返回東京。

1930（昭和五年）爆發霧社先住民殺日本人一百三十二名事件，當時貝克、靜子、井上昌三和亞娃依及佐塚晃男母子都在霧社。

1932（昭和七年）下山一台中師範畢業，台中明治國小服務約一週，便被改調霧社公學校。

1933（昭和八年）先住民正式定名高砂族。

埔里到霧社公路全線貫通，開始行駛公共汽車（巴士）。

1934（昭和九年）治平帶著下山一的靜岡三十四聯隊徵兵令到霧社，貝克誓死不許一去日本，獲中川健藏總督特准改入台南第二聯隊。

1936（昭和十一年）下山一首次踏進內地（日本），回靜岡縣三島市認祖歸宗，並娶藤原正枝回霧社。

1937（昭和十二年）正枝回日本不歸。

1939（昭和十四年）下山一再度回日本，從東京娶井上文枝回霧社。

1940（昭和十五年）為保護萬大、日月潭發電廠水源，巴蘭社民被強制遷移中原，霧社公學校因此關閉，下山一調往埔里北小學校。

一和文枝的長女下山和代出生。

1941（昭和十六年）日本偷襲美國珍珠港。

下山一升任埔里北高等科級任。

1942（昭和十七年）下山一長男下山武出生。

1943（昭和十八年）成立埔里青年學校，下山一成首屆級任老師。

1944（昭和十九年）　下山一次女下山典子出生。

1945（昭和二十年）　下山一調任溪南公學校訓導主任。

　下山一三女下山操子出生。

　日本宣布無條件投降，台灣歸還中華民國政府。

1946（民國三十五年）　為盡孝道，下山一全家追隨老母到馬烈巴生活。

　靜子病故白狗駐在所廢墟。

　貝克・道雷（高阿敏）病逝馬烈巴。

1947（民國三十六年）　二二八事件下山一受謝雪紅拖累囚禁台中。

　接到最後一封（第七封）遣送令。

　下山一次子下山誠出生。

1952（民國四十一年）　為生存、兒女教育問題，下山一全家遷到霧社申請歸化國籍。

　下山治平病逝東京，安葬靜岡縣三島市下山家族墓。

1954（民國四十三年）　下山一全家獲准由日本籍歸化成中華民國籍。下山一改名林光明。

1956（民國四十五年）　霧社郵局恢復營業，因文枝任郵務士全家搬進郵局宿舍，結束三年搬家五次之苦境。

1963（民國五十二年）　下山一家分期付款向王海清購買房子。

1969（民國五十八年）　下山一從霧社電源保護站退休，擔任耶穌聖靈教會牧師。

1970（民國五十九年）　文枝從霧社郵局退休。

1971（民國六十年）　中華民國退出聯合國。

1972（民國六十一年）　中日斷交，霧社事件殉難殉職者之墓被毀。

　駐台美軍雷虎小隊撤離台灣，下山武購其一屋全家遷居台中水湳。

1975（民國六十四年）　日本戰敗三十年下山一和文枝首次回故國探親，並在橫濱成立霧社會，聚集散居日本曾住霧社、埔里的故友敘舊，從此台灣、日本每年輪流舉辦霧社會。

1978（民國六十七年）　下山誠在埔里購屋，偕母文枝同住。

1994（民國八十三年）　下山一病逝台中空軍醫院，安葬仁愛鄉新生村眉原下山家族安息園。依下山一遺願揀拾馬烈巴貝克遺骨安厝下山家族安息園。並將民國六十一年被毀的霧社事件殉難殉職者之墓碑頂部，安厝下山家族安息園旁。

2006（民國九十五年）　文枝在埔里逝世，安葬下山家族安息園。

2011（民國一百年）　下山家族的故事《流轉家族》由遠流出版。

參考書目與資料

日文書

東鄉實、佐藤四郎：《台灣植民發達史》，南天書局，一九一六年初版、一九九六年二刷

成田武司：《台灣生蕃種族寫真帖》，南天書局，一九一二年初版、一九九五年二刷

飯倉晴武、工藤雅樹：《日本の歷史》，株式會社小學館，一九七四年初版、一九八七年三十四刷

見上保：《台灣霧社事件の今昔》，三信印刷所，一九八四年

戴國煇：《台灣霧社蜂起事件——研究と資料》，社會思想社，一九八一年

アウイ・ヘッパハ（高愛德）原作、許介鱗解說：《霧社事件証言》，草風館，一九八五年

內藤史朗：《霧社の光と闇》，新人物往來社，一九九九年

柳本通彥：《台灣霧社に生きる》，現代書館，一九九六年

日文資料

佐山融吉編：《蕃族調查報告書》中有關泰雅族文獻資料，臨時台灣舊慣調查會

下山一（林光明）：兩本自述手稿

中文書

謝森展：《台灣回想　思い出の台灣寫真集》，創意力文化事業公司，一九九四年，中日雙文

吉野直也、謝森展：《台灣代誌（上）探尋台灣的歷史》，創意力文化事業公司，一九九四年
吉野直也、謝森展：《台灣代誌（下）總督府到總統府》，創意力文化事業公司，一九九四年
許極燉：《尋找台灣新座標》，自立晚報文化出版部，一九九三年
鳥居龍藏著、楊南郡譯註：《探險台灣》遠流出版公司，一九九六年初版
韋端：《實用百科年鑑》，故鄉出版社，一九八四年

中文資料

高春木、張新福：《馬烈巴頭目族譜調查表》，一九九〇年
下山一（林光明）口述，林香蘭（下山操子）編寫：《歸化人奇譚手稿》，一九九三年

※全書照片除於圖說特別註記外，
均為作者下山家族所拍攝、收藏。

新台灣史記04

流轉家族——泰雅公主媽媽、日本警察爸爸和我的故事

自述／下山一（林光明）
譯寫／下山操子（林香蘭）

副總編輯／黃靜宜
主　編／張詩薇
美術設計／黃子欽
地圖繪製／郭郭
企　劃／叢昌瑜

發行人 / 王榮文
出版發行 / 遠流出版事業股份有限公司　台北市南昌路2段81號6樓
電話：(02)2392-6899　傳真：(02)2392-6658　郵撥：0189456-1
著作權顧問 / 蕭雄淋律師　法律顧問 / 董安丹律師
2011年7月1日 初版一刷
行政院新聞局局版臺業字第1295號
定價 / 新台幣299元
若有缺頁破損，敬請寄回更換

ISBN 978-957-32-6810-9

YLib.com 遠流博識網　http://www.ylib.com　E-mail:ylib@ylib.com

國家圖書館出版品預行編目(CIP)資料

流轉家族：泰雅公主媽媽、日本警察爸爸和我的故事／ 下山一（林光明）自述；下山操子（林香蘭）譯寫. —初版—
台北市；遠流，2011.07
面；公分. —（新台灣史記；4）
ISBN978-957-32-6810-9（平裝）
1.下山氏　2.傳記　3.家族史　4.台灣史

783.17　　100011347

霧社，一九一〇年代